ADORACIÓN RADICAL

Escrito por John D. Kennington
Editado por Aarón D. Ruiz
Traducido por Job Servin

Contenido

Introducción al texto

El presente libro es una edición de un MOOC (Massive Online Open Course) publicado por John D. Kennington en el sitio "Theoed" desde junio del 2010 hasta el fin del mismo año. Tal curso está en línea bajo el nombre de "Radical Worship".

El Rose City College creó esta plataforma con el propósito de llevar recursos teológicos de calidad a estudiantes de todas partes a través del internet. En el portal, se pueden acceder a breves cursos impartidos por varios autores en temas como "La persona de Jesucristo", "Glorioso Evangelio" etc.

A lo largo de las doce entradas en esta obra, que ahora corresponden a doce capítulos, el autor no argumenta haber hallado una forma diferente de adoración; más bien nos lleva a recorrer distintos relatos en las Escrituras que nos permiten comprender la naturaleza de la adoración a Dios.

Según Kennington, aquello que es radical es la persona de Dios, y no la adoración en sí misma; es decir que el hombre y Dios son completamente diferentes. Por eso, con ayuda de las historias de Moisés, Job, Pablo, y otros héroes de la fe, John nos muestra que la interacción entre ellos y el Dios *santo* son modelos de adoración verdadera y cotidiana.

Para mantener la integridad del curso, se ha realizado una traducción y edición que respeta su formato e intención original. Les animamos a continuar con las interacciones a las que se invita en cada capítulo siguiendo los nuevos enlaces establecidos con Juan C. Kennington en el blog "Renueva la mente".

Aarón D. Ruiz.

Capítulo 1 - Radical

Estamos muy contentos por reiniciar nuestro programa de educación a distancia después de una pausa prolongada. El tema de esta serie es la adoración radical.

No se llama «radical» para expresar un nuevo estilo radical de adoración, más bien se debe a que a quien adoramos es radicalmente diferente de quienes somos, y con frecuencia eso es distinto a lo que pensamos o percibimos acerca de Dios. Esta diferencia radical se expresa en la palabra SANTO, que contrasta con la perspectiva moralista, políticamente correcta y terapéutica tan popular hoy en día.

El fundamento para este curso es la escritura

Ya que el hombre mediante la sabiduría no puede conocer a Dios, dependemos de la revelación de Dios por medio de la Escritura.[1] Desde la caída, la Biblia nos dice a los que estamos en la carne, que hay cierto número de cosas que no podemos hacer, tales como guardar la ley.[2] La historia de la religión del hombre provee amplia prueba de ello con sus falsas imágenes, lo que no se limita a los pueblos primitivos.

Cuando el hombre, por decirlo así, «apagó su cerebro», se quedó con las imágenes depravadas de su imaginación y se convirtió en aquellos que adoraba.[3] Las imágenes reflejan al hombre caído, sus necesidades y deseos. Alguien dijo que Dios hizo al hombre a Su imagen y desde entonces, el hombre ha querido devolverle el favor. Es evidente de manera universal, que somos seres religiosos y cuando no adoramos al Dios vivo y verdadero, inevitablemente inventaremos nuestros propios dioses.

El así llamado mundo sofisticado adora el intelecto humano, el poder, el dinero, la ciencia, etc., y todo ello se burla de nosotros debido a su propio vacío, como se puede ver en las guerras, las crisis financieras y eventos tales como el actual derrame de hidrocarburos en el golfo de México.

Una de las contribuciones que Lutero hizo a nuestra fe, fue cuando dijo que la Biblia es el único fundamento de toda la creencia y práctica cristiana,[4] por supuesto que este fundamento es también la base para la justificación por la sola fe, el sacerdocio de todos los creyentes, etc.

LO QUE PROPORCIONA EL TEMA PARA ESTE CURSO ES LA NATURALEZA RADICAL DE DIOS, a quien no podemos ni conocer ni entender fuera de la Escritura. ¡DIOS ES RADICALMENTE DIFERENTE AL HOMBRE! Esta diferencia radical se expresa en una palabra, SANTO. Esta palabra a veces expresa carácter, como pureza moral, también se usa para cosas, tales como el templo, la tierra, etc., por ello describe de manera adecuada la diferencia radical entre nuestro Creador y nosotros, que somos criaturas con «aliento en nuestra nariz».[5] Se usa aquí para expresar cuán diferentes son el poder, la misericordia, el amor, la ira y la sabiduría de Dios y todos sus atributos, algunos de los cuales sólo le pertenecen a Él.

Estas diferencias se expresan en algunas ocasiones en distancia, por ejemplo, es una de las maneras en que se usa santo. En palabras de A. W. Pink, «la distancia entre una hormiga y yo es finita, pero la distancia entre Dios y yo es infinita.» NUESTRA ADORACIÓN EXPRESA LA GRAN DIFERENCIA Y DISTANCIA ENTRE NOSOTROS Y DIOS. Esto es totalmente distinto a esa familiaridad casual que la gente usa en ocasiones con Dios. Debemos entender esto para apreciar lo que se logró por medio de la expiación, y para que la adoración misma sea auténtica.

El enfoque de este texto es el Creador y Su creación, así como la diferencia evidente entre el Creador y sus criaturas, como se ve en Génesis. Cuando se menciona el registro en el Génesis, algunos responden que lo escribieron redactores, y se menciona de manera específica la teoría Graf – Wellhausen, que por lo general se identifica con las letras J.E.P.D. que significan Jehová, Elohim, Sacerdocio y Deuteronomio, por sus siglas en inglés; a esta visión respondió de forma adecuada R. K. Harrison.[6] Por otro lado, se encuentran los que de manera religiosa y muy tenaz se aferran a la teoría de la evolución, y uso la palabra religioso, una creencia ciega, del mismo modo que lo usa R.A. Clouser[7] y como Ben Stein muestra por sus interacciones con la así llamada comunidad científica.[8]

Dios no necesitaba un redactor, es decir, un editor que revisara la historia, estuvo en el pasado y en el siempre presente YO SOY. Dios habló a través de y a los hombres quienes estaban capacitados para hablar las palabras dadas por el Espíritu Santo,[9] por lo que le preguntó a Job, « ¿Dónde estabas tú cuando yo fundaba la tierra? »[10] Dios nos hace la misma pregunta, lo que amplía más la diferencia radical entre el hombre y su Creador, lo que se expresa mediante la adoración.

¿Qué queremos decir con adoración? La palabra saha, que se traduce como adoración, se encuentra 170 veces en el Antiguo Testamento y significa postrarse, inclinarse, como se hacía ante alguien superior o un gobernador.[11] En el Nuevo Testamento se usa la palabra griega proskuneo, que significa hacer reverencia. Se forma con la palabra kuneo, que significa besar. Proskuneo es la palabra que más aparece en el Nuevo Testamento, aunque aparecen otras con menos frecuencia.[12]

La adoración auténtica requiere, en esencia, lo que expresa una postración física y la inclusión de la raíz de la palabra beso, entendida como devoción, y al mismo tiempo la exclusión de esas familiaridades que no expresan la diferencia radical que encontramos en la palabra santo, que se pronuncia de manera infinita por la muchedumbre de huestes celestiales.[13]

¡Dios es el objeto de nuestra adoración! La adoración consiste en centrarnos en Él, aunque, desafortunadamente, mucho de lo que llamamos adoración se centra en nosotros, ya que nosotros «hacemos» la adoración.

Discutiremos el llamado servicio de adoración más adelante en este curso. ¡La verdadera adoración involucra una certeza y un reconocimiento de la presencia de Dios!

Usaremos los encuentros y los eventos únicos entre el hombre y Dios para mostrar el significado de la adoración auténtica en los capítulos siguientes y, al mismo tiempo, mencionaremos algunas cosas que NO son adoración.

A continuación les presento el programa de este curso:

I. Una definición de adoración
II. El creador y la criatura
III. La primera vez que apareció adoración
IV. La adoración como un estilo de vida; Moisés y el Sinaí
V. Job, ver la vida como un altar en el que nos ofrecemos a nosotros mismos
VI. David, el adorador aprobado, sentado en la presencia de Dios
VII. Isaías, una revelación apabullante
VIII. Dios al descubierto
IX. La mujer samaritana, un momento de enseñanza
X. Pablo, una cirugía a corazón abierto
XI. El Salón del Trono en el libro del Apocalipsis
XII. El servicio de adoración

¿Qué esperamos obtener al estudiar juntos este tema?

Conoceremos mejor a Dios y a nosotros mismos mientras viajamos, en nuestra mente, ascendiendo las colinas de Sion, y aprenderemos a adorar a Dios de acuerdo con las Escrituras. Acercarnos a Dios sin tomar en cuenta Su palabra puede ser nocivo para nuestra salud e incluso fatal. Si deseamos que nuestras reuniones sean más vivas, de manera genuina, deberíamos preocuparnos por esto.[14] Sugerimos para aquellos que reciban estos textos que los ordenen en un folder o como un cuaderno de trabajo. También es un buen momento para invitar a otros para que se unan a este estudio.

En conclusión

Aunque algunos objetan la idea de un Creador y de una creación, y quieren minimizar el registro de los comienzos a los primeros 11 capítulos del Génesis, las referencias al Creador y Hacedor de todas las cosas, de acuerdo con algunos investigadores, se encuentran en más de 400 pasajes de la Escritura.

Esta tierra, a diferencia de otros planetas, se hizo para habitarla,[15] y al mundo físico a nuestro alrededor el Creador lo llamó bueno y no debe tratarse como pecaminosa.[16]

Dios «nos da todas las cosas en abundancia para que las disfrutemos».[17] Dios ha hecho al hombre el soberano de estas cosas y no al revés, lo que llegará a su cumplimiento total en el juicio final, cuando demos cuenta de nuestra mayordomía, y cuando todos y cada uno de los segmentos de la creación confiesen abiertamente que Jesús es el Señor de todo.

Nuestros cuerpos, a diferencia de lo que dicen muchos filósofos, se incluyen dentro de la denotación bueno, no son malos y se convierten en templo del Espíritu Santo por medio de la redención.[18] La palabra carne, con una connotación negativa, no es sinónimo de nuestros cuerpos.

Finalmente, tomémonos un tiempo para meditar en nuestro Creador para glorificarlo y celebrar su creación que declara Su gloria de manera tan elocuente. La creación misma de manera poética se muestra como Su santuario.[19] ¡Confesemos al Creador, siéntanse orgullosos, regocíjense, gócense!

Les invito a interactuar y a enviar sus comentarios a:

Juan Kennington
http://renuevalamente.org

---

[1] *1ª a los Co. 2,1-16*
[2] *Romanos 8,7*
[3] *Jeremías 8,19; 10,14; Romanos 1,28-32*
[4] *Los temas fundamentales de las reformas de Lutero, la peligrosa idea del cristianismo, Alister McGrath*
[5] *Diccionario de la teología del Nuevo Testamento, Colin Brown, p. 227, Job 27,3*
[6] *Introducción al Antiguo Testamento, R. K. Harrison, p. 19-61*
[7] *El mito de la neutralidad religiosa, R. A. Clouser*
[8] *Película Expelled, Ben Stein*
[9] *2ª de Pedro 1,21*
[10] *Job 38, 4*
[11] *Diccionario expositivo de palabras bíblicas Vine, p. 295*
[12] *ibid. p. 686*
[13] *Isaías 6, 3; Apocalipsis 15,4*
[14] *1º de Samuel 6, 19; 1ª a los Corintios 11,30*
[15] *Isaías 45,18*
[16] *Génesis 1,31*
[17] *1ª a Timoteo 6,17*
[18] *1ª a los Corintios 6,18-20*
[19] *Romanos 1, 20; Salmo 19,1-5*

Capítulo 2 – Abraham

EL DIOS DE ABRAHAM, PADRE DE TODOS
NOSOTROS

Una acotación necesaria

El alcance de nuestro tema requiere que demos solamente pequeños vistazos a las percepciones y encuentros de los personajes con Dios.

Retroalimentación

Tuvimos una respuesta entusiasta a nuestro primer capítulo, lo que es muy alentador.

Resumen y aplicación del capítulo 1

Reafirmaremos el fundamento de este curso con las palabras de Jacques Ellul, debemos interpretar la Biblia con la Biblia misma.[1] Demostraremos al totalmente distinto, como se entiende por la palabra santo, «Muy limpio eres de ojos para ver el mal»[2] y «...que habita en luz inaccesible».[3] Aplicaremos la majestad del Dios Todopoderoso a nuestra vida de oración, quien nos lleva por encima de todas las barreras.[4] Entenderemos que nada es imposible para Él, quien se acercó a nosotros con insondable gracia para establecer un pacto de gracia inquebrantable con nosotros.

El propósito de este pacto lo estableció el Dios que no puede mentir e «interpuso juramento» para que los miembros del pacto tengan un «fortísimo consuelo», al saber que lo tienen como una «segura y firme ancla del alma», inmutable, anclados al mismísimo trono de Dios.[5]

Este Dios santo, quien es radicalmente diferente a nosotros, es el centro de nuestra adoración. La luz de nuestro Creador brilla en gracia sobre toda criatura.[6] «Del Señor es la tierra y su plenitud...»[7] En muchas ocasiones me he regocijado en Él al admirar su creación, algunas veces he caminado a las orillas del lago Michigan, con mis manos levantadas, adorando al Señor.

Mi oración

Que el Señor se muestre de manera más profunda a cada uno de nosotros, de manera que nuestro corazón reboce de gratitud y adoración, de genuina adoración... Pablo envió sus oraciones a la gente por la que oraba.[8]

El lenguaje para adorar

La lengua humana es lo único que tenemos para adorar, para confesar y platicar acerca de Dios. Las palabras son símbolos de nuestros pensamientos, sentimientos, experiencias, observaciones y deducciones y éstas evolucionan, como se muestra en el diccionario Oxford English Dictionary.

Muestran la singularidad del hombre, y por medio de ellas somos capaces de compartir nuestros pensamientos con Dios y con el hombre. Son necesarias también para pensar, por ello se necesitan para el tema de la adoración y son muy útiles para la meditación. El uso les da su significado, por lo que veremos el primer uso de adoración en la Biblia.[9]

La persona a quien se aplica[10]

El Dios infinito se apareció al hombre finito por gracia.[11] El Creador se reveló a Sí mismo a la criatura, el Dios de gloria que se humilló a sí mismo y apareció a nuestro padre Abraham es el centro de toda nuestra adoración y ese hecho se convirtió en el fundamento para la adoración.[12] Abraham conocía al Dios Todopoderoso, y había visto su fidelidad en su promesa al darle de manera sobrenatural un hijo, por lo que cuando Dios le pidió sacrificarlo, obedeció, esa fue la prueba máxima para la fe de Abraham.

El Dios de Abraham era una persona viva y no una simple fuerza, era lo opuesto a los ídolos sordos, ciegos e impotentes de la cultura de la cual venía. Este Dios no era un mero reflejo del hombre ni una síntesis de aquellos con los que Abraham creció, no era una criatura imaginaria evolucionada, sino totalmente diferente, un otro distinto, ¡el Santo Dios![13] SANTO aparece en 50 ocasiones en la Escritura para describir a Dios, cuando lo entendemos de verdad ¡nos asombramos!

El primer uso en la Escritura

«Iremos a adorar y luego regresaremos», dijo Abraham a sus siervos.[14] Lo que sucedería después tenía que ser privado e íntimo, así como algo incomprensible para aquellos que no conocían a Dios. Los siervos no tenían que ir. Los elementos esenciales requeridos para ese momento eran Isaac, la leña para el fuego, el fuego y el cuchillo para el sacrificio, pero lo más importante era el corazón sumiso y en actitud de adoración de Abraham.

Dios escogería el lugar sagrado en donde se construiría el altar. Estoy seguro de que a Abraham no le divertía preparase para lo impensable. Procedió a vendar los ojos de su hijo, un hijo fuerte que podría resistirse, lo puso sobre el altar de piedras y alzó su mano para matar al hijo que amaba con toda su alma, cuando un ángel lo detuvo. «¡Abraham! ¡Abraham!» A lo que respondió, «Heme aquí». Luego el ángel continuó diciendo, «No extiendas tu mano sobre el muchacho, ni le hagas nada; porque ya conozco que temes a Dios, por cuanto no me rehusaste tu hijo, tu único».

Eso fue una adoración radical, y refleja tanto la naturaleza de Dios como la del hombre. ¡Mientras tecleo esto me siento anonadado!

La motivación para adorar

Cuando en las fiestas judías la comida se volvió lo más importante, Dios dijo que odiaba esas fiestas; cuando los babilonios se estremecían con los cantos de Sion, no adoraban al Dios vivo; cuando la adoración se diseña con el propósito de hacer crecer nuestras iglesias, debemos preguntarnos, ¿adoramos nuestras iglesias en lugar de Dios? Dios debe ser el centro de todo, y Su gloria debe ser la prioridad, nada aviva el fuego en nuestros corazones más que la gracia de Dios. Considere la gracia de Dios en la vida de Abraham.

Cuando Abraham ni siquiera buscaba a Dios, el Señor de gloria se reveló a sí mismo. Antes de que Abraham fuera judío, Dios lo escogió, así que no fue por su raza sino por la gracia de Dios. Antes de que Abraham hiciera cualquier obra de justicia, Dios lo tomó por justo, y para Dios era como si no tuviera pecado. Antes de que Abraham se circuncidara, Dios lo llamó justo, así que sabemos que no se debió a ningún ritual religioso.

Antes de que Abraham tuviera hijos, Dios estableció un pacto para bendecirlo, a su simiente y a todo el mundo a través de su simiente. Todo esto fue así para que Abraham no se gloriara en sí mismo, sino en Dios. Gloriarse es adoración, gloriémonos sólo en Él. Nada tenemos que no hayamos recibido, la adoración es valiosa. ¡Sólo Él es digno! «Mas por él estáis vosotros en Cristo Jesús, el cual nos ha sido hecho por Dios sabiduría, justificación, santificación y redención; para que, como está escrito: El que se gloría, gloríese en el Señor».[15] La gracia es única entre todas las religiones del mundo.

EL PAPEL DEL ESPÍRITU SANTO

«El me glorificará; porque tomará de lo mío, y os lo hará saber».[16]

Sólo Él puede abrir los ojos de nuestro entendimiento, y puede ayudarnos a entender que murió en la cruz por nosotros, por cada uno en particular, y que Su muerte hace una diferencia eterna. Esto es necesario para que seamos esos adoradores que el Padre busca, por ello experimentaremos esa necesidad que Jesús mencionó. «Dios es espíritu; y los que le adoran en espíritu y verdad es necesario que le adoren».[17]

Agradezco mucho sus comentarios e interacción. Hagamos de éste un instrumento de convivencia.

Escríbanos:
Juan Kennington
http://renuevalamente.org

---

[1] *El juicio de Jonás, por Jacques Ellul, traducción de Geoffrey Bromiley, p. 46*

---

² *Habacuc 1, 13*
³ *1ª a Timoteo 6,16*
⁴ *Génesis 12,2-4; 15,1-21; 17,1-14*
⁵ *Hebreos 6,17-20*
⁶ *Juan 1,9; Mateo 5,45*
⁷ *Salmo 24,1*
⁸ *Efesios 1,17*
⁹ *Génesis 22,5*
¹⁰ *Efesios 3,14*
¹¹ *Hechos 7,2*
¹² *Génesis 12, 15, 17, 21*
¹³ *Isaías 5,16; 1º de Samuel 2:2*
¹⁴ *Génesis 22,5*
¹⁵ *1ª a los Corintios 1,30 - 31*
¹⁶ *Juan 16,14*
¹⁷ *Juan 4,24*

Capítulo 3 – Adoración como estilo de vida

Retroalimentación

¡Nos motivan sus muchos entusiastas mensajes de aprecio!

Resumen y aclaración

Algunos han cuestionado la importancia de las palabras en la adoración, ya que mencionan que Dios trasciende y sobrepasa las palabras. Esto niega que existen palabras «...las que enseña el Espíritu...»[1]

El Dios que no se puede conocer es el Dios de los agnósticos, sin embargo, Dios nos dio palabras que podemos usar para adorar y para ayudarnos a entender.

Creo que fue Spurgeon quien, al enfrentar a aquellos que promovían el agnosticismo, respondió, «¿Qué no es ignoramos sinónimo de agnóstico?» Oseas, cuando habla de las palabras inspiradas, dice, «Llevad con vosotros palabras de súplica, y volved a Jehová...»[2]

Estas palabras se convierten en nuestra teología. La adoración es teológica, controlada por la Escritura, de otro modo, es meramente emocional. Se centra en Dios, quien se revela a través de la Escritura. La adoración requiere de una revelación previa del Dios que adoramos; Dios, en su gracia, se comunica con el hombre a su nivel. Nuestra adoración se encuentra bajo la dirección de la Palabra de Dios, no estamos sujetos a nuestra propia imaginación o innovación. Nos ha revelado muchos de Sus atributos, que son el centro de nuestra adoración... Sin el Espíritu Santo no podemos entender ni la Escritura ni los atributos de Dios.

Una cita notable de Stephen Charnock, un erudito de la antigüedad que dejó una huella indeleble en mí, dice, «Cuando creemos que nuestra satisfacción es primero antes que glorificar a Dios mediante la adoración, ponemos a Dios debajo de nosotros, como si Él hubiera sido creado para nosotros y no nosotros para Él».[3]

Acotación

En la publicación anterior nos referimos a Abraham, Isaac y la región del monte Moria. Keil y Delitzsch comentan, «Por este suceso, [este lugar] adquiere una importancia profética para la Iglesia del Señor, que apunta con claridad al lugar de sacrificio, a saber, al monte Moria, sobre el cual, bajo el régimen de la ley, todos los sacrificios típicos se ofrecen a Jehová, en el que también, en la conclusión del tiempo, Dios el Padre dio a Su único Hijo como un sacrificio expiatorio por los pecados del mundo entero, ya que por este único y verdadero sacrificio las sombras de los sacrificios típicos se pueden tomar como reales y verdaderos».[4]

LA ADORACIÓN COMO UN ESTILO DE VIDA ES EL ÉNFASIS DE ESTE CAPÍTULO[5] «...os tomé sobre alas de águilas, y os he traído a mí».[6] Luego Él, a través de Moisés, les dio la LEY, la TORAH, como instrucciones en cuanto a su relación de amor fraternal entre unos y otros.

En resumen, las instrucciones dicen, «No tendrás dioses ajenos delante de mí; no te harás imagen...» etc. Jesús lo dijo de manera breve. «Amarás al Señor tu Dios con todo tu corazón, y con toda tu alma, y con todas tus fuerzas, y con toda tu mente; y a tu prójimo como a ti mismo».[7]

Después de que el Señor desposara a Israel, le llevó a una luna de miel en el desierto en donde Su esposa aprendió a obedecerlo y a depender de Él de manera total. Así que Jehová trata con Israel como su esposa.[8]

La Ley, como cualquiera puede verlo al leerla, engloba temas sobre la vida, la moral, la alimentación, los hábitos higiénicos, las relaciones entre las personas, etc., así que el amor no era una mera relación emocional, sino que permeaba la vida entera de Israel. La obediencia a esta cobertura constituía el significado de la adoración.

Cuando Jesús nos da una sinopsis de lo que significa amar de verdad a Dios, note que incluyó la mente. No promovió en modo alguno la adoración sin sentido. ¿Qué diría usted si la gente promoviera formalismos sin sentimientos?

Por ello, el estudio de la adoración en la Escritura requiere de un gran esfuerzo y de disciplina. Personalmente, me ha sido muy gratificante. Anoche revisé un himnario entero, notable por su énfasis en una adoración relacionada a las Escrituras. Decir que fue muy motivante se queda corto.

«Y en la adoración, experimentamos la presencia de Dios».[9] David, el salmista, se preguntó, « ¿A dónde me iré de tu Espíritu? ¿Y a dónde huiré de tu presencia?»[10]

Pablo nos dijo, «así también vosotros consideraos muertos al pecado, pero vivos para Dios en Cristo Jesús, Señor nuestro».[11] Jesús se reúne con aquellos que se reúnen en Su Nombre, se den cuenta o no.

Algunas veces limitamos la adoración a lo espontáneo, pero la adoración que se describe en la Escritura casi siempre es deliberada. El escritor de la carta a los Hebreos le dice a la gente que sufría toda clase de adversidades, «Sean vuestras costumbres sin avaricia, contentos con lo que tenéis ahora; porque él dijo: No te desampararé, ni te dejaré».[12] La persona que hace y cumple esta promesa es la misma que justo unos versos más adelante se identifica a sí mismo, «Jesucristo es el mismo ayer, y hoy, y por los siglos».

Estilo de vida

Cuando nos damos cuenta cuan penetrante y detallada es la Ley, lo que sigue es que nuestra adoración debe ser un estilo de vida, lo que quiero decir con estilo de vida es evidente en Filipenses.

En seis ocasiones en esta carta, el apóstol Pablo utiliza la conjunción y u otra conjunción, por ejemplo, «...y en mis prisiones, y en la defensa y confirmación del evangelio, todos vosotros sois participantes conmigo de la gracia».

Nótese, «conforme a mi anhelo y esperanza de que en nada seré avergonzado; antes bien con toda confianza, como siempre, ahora también será magnificado Cristo en mi cuerpo, o por vida o por muerte».[13] Continúa en el último capítulo y dice que «...he aprendido a contentarme cualquiera que sea mi situación».

Es un ejemplo magnífico de la adoración como un estilo de vida, en ninguna de estas situaciones se nota ni el más mínimo signo de un estado emocional. Todo refleja un compromiso con el pacto en constante adoración a Dios. En varias ocasiones me he preguntado cuando alguien en la iglesia dice que nos pondremos de pie para adorar al Señor. ¿Qué estábamos haciendo mientras estábamos sentados?

En definitiva, la adoración consiste en someternos a nosotros mismos ante quien reconocemos es infinitamente superior a nosotros. Cuando nos sentamos y ponemos nuestro entendimiento bajo la enseñanza de la palabra de Dios, nos involucramos verdaderamente en la adoración.

«Dios mismo está en el corazón de la adoración cristiana»[14]

Cuando Isaac estaba a punto de ser sacrificado en un acto de adoración, se le describe como un holocausto. El humo del holocausto se elevaba a las alturas, hacia Dios, lo que contrasta con el sacrificio hereje de niños, que estaba prohibido, y que se hacía para calmar o apaciguar a los dioses paganos, mientras que el sacrificio de Abraham era una respuesta a la gracia de Dios, y lo hizo con la fe de que Dios podría resucitar a Isaac. Sin embargo, al cumplir las palabras de Abraham, «Dios se proveerá de cordero para el holocausto», le impidió que sacrificara a su hijo, y cambió así toda la escena a un momento de gratitud.

«El fin principal del hombre es glorificar a Dios, y disfrutarlo para siempre». Estas palabras que se encuentran en el Westminster Shorter Catechism, son casi inmortales.[15]

Debajo del título La adoración en la Iglesia primitiva, un escritor habla de identificar «pasajes litúrgicos, supuestos himnos, credos y confesiones de fe».[16] Cuando nuestro disfrute es la prioridad, es cuando nuestra adoración se convierte en idolatría.

Nuestra adoración debe tener sustancia. Alguien dijo que los que se supone son cantos de adoración, parecen cantos del Seven Eleven (Siete Once), es decir, siete palabras que se cantan once veces. Es esta clase de vacío del que A.W. Tozer se queja.[17]

Quiero añadir que en el Antiguo y Nuevo Testamentos, en muchas ocasiones, se repiten palabras de alabanza, acción de gracias y adoración. Mi deseo es que eso continúe fluyendo de lo profundo de nuestros corazones.

Para terminar

Pablo enfatiza lo que quiero decir. En un pasaje confiesa de forma humilde, «...Cristo Jesús vino al mundo para salvar a los pecadores, de los cuales yo soy el primero», y en otro pasaje cercano, «Por tanto, al Rey de los siglos, inmortal, invisible, al único y sabio Dios, sea honor y gloria por los siglos de los siglos. Amén».[18]

Por esto, tenemos aquí un ejemplo claro de ADORACIÓN RADICAL. Pablo se da cuenta de que era un pecador, en tiempo presente, y del Dios infinito, por lo que estalla en alabanza y adoración al Dios eterno y Salvador.

Cuando reflexiono acerca de estos versos, estoy convencido de que debemos estar llenos de anticipación y expectación mientras nos acercamos de forma deliberada a adorar a nuestro Señor y Redentor.

Sus comentarios y opiniones serán bienvenidos.
Envíelos a:
Juan Kennington
http://renuevalamente.org

---

[1] *1ª a los Corintios 2,13-14*
[2] *Oseas 14,2*
[3] *Boletín dominical Cruz y Corona, Stephen Charnock, autor de La existencia y los atributos de Dios.*
[4] *Comentario sobre el Antiguo Testamento, Vol. 1, p. 253, Keil y Delitzsch*
[5] *Éxodo 19,4 –20,21*
[6] *Éxodo 19,4*
[7] *Lucas 10,27*
[8] *Jeremías 2,2*
[9] *La adoración en espíritu y verdad, John M. Frame*
[10] *Salmo 139,7*
[11] *Romanos 6,11*
[12] *Hebreos 13,5*
[13] *Filipenses 1,20*
[14] *Nuevo diccionario de teología, Sinclair Ferguson, David Wright, Ed., p. 730*
[15] *La adoración en espíritu y verdad, John Frame*
[16] *El diccionario internacional de la iglesia cristiana, J.D. Douglas, Gen. Ed., p. 1062*
[17] *Tozer acerca de la alabanza y el entretenimiento, A.W. Tozer*
[18] *1ª a Timoteo 1,15, 17*

Capítulo 4 – Ofreciéndonos a nosotros mismos

Retroalimentación (extractos)

«Gracias por enviarme esta serie acerca de la adoración. Me parece que está muy bien y es muy útil, y me recordó el propósito de la adoración». Pastor D.M.

«Me impactó de manera particular este capítulo (3er) ya que varias cosas llamaron mi atención».

«Así que antes de entonar un canto contemporáneo cristiano de alabanza y adoración, le pedimos a los internos que leyeran en voz alta las escrituras que sirvieron de base para ese canto en particular. No nos tomó mucho tiempo el darnos cuenta que el Espíritu escogió al interno que leería las escrituras y, lo más importante, ya que que escuchamos lo que Dios dijo e hicimos lo que Él nos pidió, se movió con poder en medio de esos prisioneros al tiempo que participaban en la adoración con nosotros».
D.S.J.

P. H. preguntó que por qué no incluimos la música cuando dijimos que la lengua humana es todo lo que tenemos para la adoración. ¡La música está incluida, por supuesto! Es el sentimiento de la verdad. Espero que lo que sentimos sea la verdad, de otro modo todo lo que tenemos es un emocionalismo. La verdad es lo que permanece cuando la música se acaba.

RESUMEN Y ACLARACIÓN

En nuestro último capítulo se enfatizó que la adoración es un estilo de vida como una respuesta a la ley que guió cada aspecto de nuestras vidas, y esa misma ley reveló el carácter justo de Dios, así como el pecado del hombre. Esto último es la razón por la que no se nos deja la iniciativa ni la innovación para la adoración, la adoración requiere una obediencia deliberada.

En la vieja usanza, el incienso se convirtió en un símbolo adecuado de la adoración. Se tenía que preparar de acuerdo a las especificaciones exactas dadas por Dios, y se tenía que usar de manera exclusiva para Dios y nada más.[1] Esto cuestiona el uso que el mundo hace de la música gospel. Quizá recorrimos el mismo camino que Ezequías y les mostramos los tesoros del templo a los babilonios.

UNA DEFINICIÓN ACERTADA

La adoración, el sentido de admiración que el hombre presenta ante lo magnífico, lo aterrador o lo milagroso, ilustra algo de lo que quiere decir adoración. La respuesta puede ser el quedarse sin palabras, la parálisis, la imitación o la dedicación».[2]

Considere cómo la realidad de la presencia de Dios cambió la perspectiva de esta compositora. Mire con cuidado su celda, en Suiza.

«Al más amado de mi alma, aquí estoy Contigo, sola, y mi prisión es un paraíso, porque la compartes conmigo. Mi vida entera es para servirte, mi única decisión compartir Tu cruz; soy tuya para que hagas conmigo lo que quieras, aun para sufrir, todas las cosas las tengo por basura».[3]

Años después, Suiza se dio cuenta de la injusticia que se había cometido contra Catherine Booth-Clibborn y emitió un timbre con su retrato. En el Credo de los apóstoles aparece una frase que habla de «la comunidad de los santos». Esa comunión se experimenta cuando cantamos los cantos y compartimos las opiniones que nacieron gracias a los sufrimientos y las visitas espirituales que los creyentes experimentaron antes que nosotros.

Las pruebas de la vida pueden cambiar las dificultades de la vida en sacrificios de adoración importantes. Obtuve esta inspiración a partir de mis estudios del libro de Job, lo que se convirtió en el tema de este capítulo, que resumiré de este modo, LAS CIRCUNSTANCIAS DE LA VIDA SON UN ALTAR EN EL QUE NOS OFRECEMOS A NOSOTROS MISMOS ANTE DIOS.

Para motivar a la gente a adorar de este modo, deben inundarse en el conocimiento de Dios, de su sabiduría y de su misericordia, así que leemos, « ¡Oh profundidad de las riquezas de la sabiduría y de la ciencia de Dios! ¡Cuán insondables son sus juicios, e inescrutables sus caminos! Porque, ¿quién entendió la mente del Señor? ¿O quién fue su consejero? ¿O quién le dio a él primero, para que le fuese recompensado? Porque de él, y por él, y para él, son todas las cosas. A él sea la gloria por los siglos. Amén.»[4]

Esto se convirtió en el fundamento para la exhortación, «Así que, hermanos, os ruego por las misericordias de Dios, que presentéis vuestros cuerpos en sacrificio vivo, santo, agradable a Dios, que es vuestro culto racional».[5]

La palabra en griego para adoración es latruo, que en épocas antiguas se usaba para referirse al servicio de esclavos o siervos contratados.

La transformación es uno de los resultados de presentarnos sometidos ante nuestro Creador y Redentor. La palabra en griego que se usa para transformación es metamorfo, que es un término de la biología que describe como un gusano verde se convierte en una mariposa. Este pasaje precede a la función que tienen los dones y ministerios de los que habla Pablo en el pasaje que le sigue inmediatamente. Esta rendición de nuestros cuerpos como sacrificios vivos es la puerta para los cuatro últimos capítulos del libro de Romanos.

Es sorprendente cómo enseñamos del cambio en las vidas, de los dones, de los ministerios y de la conducta cristiana sin darnos cuenta de que son una extensión de la adoración, o que en sí mismos son la adoración.

REGRESEMOS AL LIBRO DE JOB

El mundo invisible se hace visible en el conflicto de Job. Satanás está involucrado, pero sólo porque se le dio permiso, no es un dualismo como lo enseñan aquellos que estudian la guerra espiritual. La pérdida de la familia y la riqueza de Job fue inimaginable, pero así son las pruebas, llevan todo a ese punto crítico, o al momento de triunfo, así como Job exclamó, «...aunque él me matare, en él esperaré». Job está solo, no puede encontrar a Dios. El confinamiento solitario es uno de los peores castigos. Job no está solo, aunque así se siente, en realidad Dios está ahí escuchando a los supuestos consoladores y les responde enojado.[6]

Dios es fiel a Job y trata con él como se describe en el N.T., cuando dice que no permitirá que la tentación o la prueba, que es la misma palabra en griego, sea más de lo que podemos soportar.[7] Esto requiere de un Dios de proporciones divinas, uno que nos conoce mejor de lo que nos conocemos a nosotros mismos, y que tiene bajo control hasta el más mínimo detalle.

Algunos de los que están leyendo esto pasan por un túnel oscuro y no saben qué hacer, por eso no quiero que este texto sea una respuesta superficial a sus problemas. Lutero se refería a tales pruebas como el lado oscuro de la cruz.[8] Dijo que Dios no nos prometió librarnos de ellas sino estar con nosotros mientras pasamos tiempos difíciles. El apóstol Pablo, en su primera carta, se dirigió a los creyentes que sufrían, las palabras sufrir y sufrimiento aparecen siete veces en cinco cortos capítulos.

Les comparto un correo electrónico que recibí justo a la mitad de este capítulo. «No puedo soportar más. ¿Hay alguien que quiera ayudarme? Nadie me anima, nadie quiere orar conmigo... Estoy acabado, nunca recuperaré a mi familia. Lo perdí todo y ahora me estoy volviendo loco». ¿Qué le responde?

En este mundo trastornado, como lo describió el salmista, «He aquí estos impíos, sin ser turbados del mundo, alcanzaron riquezas». «Cuando pensé para saber esto, fue duro trabajo para mí. Hasta que, entrando en el santuario de Dios, comprendí el fin de ellos».[9] Si no hay resurrección, «...vuestra fe es vana, aún estáis en vuestros pecados».[10] A la luz de nuestro futuro con el Señor, algunos de nuestros estilos de vida del presente niegan nuestra fe en el futuro.

Un problema importante en el libro de Job es el moralismo o conductismo, que explica la vida y las bendiciones en base al carácter y a la conducta. Ambas se equivocan al no comprender la perfección absoluta de la santidad de Dios y el pecado del hombre caído. Un rabino escribió Porqué a personas buenas les pasan cosas malas, me parece que ese era el título, sin embargo, a la luz de lo que enseña la Biblia en cuanto a Dios y al hombre, la pregunta debe ser, ¿por qué a personas malas les pasan cosas buenas?

En una ocasión estuve muy grave en el hospital, y los doctores me dijeron que pusiera mis asuntos en orden ya que existía la posibilidad de que no regresara a mi casa, además, mi hijita estaba muy grave en otro hospital. Un pastor local me visitó y me dijo que el Señor le había dicho que si le confesaba mis pecados el Señor me sanaría. Después de considerarlo por un momento, le contesté, «Si usted o yo estuviéramos sanos gracias a nuestra bondad, ambos estaríamos muertos. Ahora, váyase».

Esa es la certeza que se produce al mirar a través de la puerta de la muerte y ver el rostro de Dios. Tanto los que fueron a consolar a Job, así como Job mismo, pensaban en los términos relativos de la bondad humana, en la que el hombre es el centro en lugar de Dios.

En conclusión

Dios mostró que ahí estaba, escuchando todo el tiempo cuando los «consoladores» platicaban con Job ya que él, después de mucho tiempo, les contestó enojado.[11] Es un verdadero consuelo el saber que está escuchando todo el tiempo, aun cuando parece que ya no se acuerda de nosotros.

Aunque lo que les sucedió no fue tan importante como lo que le sucedió a Job, como lo registra su respuesta a Dios, «De oídas te había oído, mas ahora mis ojos te ven. Por tanto, me aborrezco, y me arrepiento en polvo y ceniza».[12]

Se acabaron las defensas, Job reconoce la diferencia radical entre él y Dios. ¡Esto es en verdad una adoración radical!

¡LA ADORACIÓN ES ESTAR CONSCIENTE, O RECONOCER, LA PRESENCIA DE DIOS!

RECUERDE, ¡LAS CIRCUNSTANCIAS DE NUESTRAS VIDAS REPRESENTAN EL ALTAR EN EL QUE NOS OFRECEMOS A NOSOTROS MISMOS A DIOS!

Sus comentarios y opiniones serán bienvenidos. Envíelos a: Juan Kennington
http://renuevalamente.org

¹ Éxodo 30:31-38
² Nuevo diccionario de teología, pl. 730
³ Al más amado de mi alma, Catherine Booth-Clibborn
⁴ Romanos 11:33
⁵ Romanos 12:1
⁶ Job 42, 7
⁷ 1ª a los Corintios 10,11-13
⁸ La teología de la cruz, Alister McGrath
⁹ Salmo 73,12, 16,17
¹⁰ 1ª a los Corintios 15,17
¹¹ Job 42, 7
¹² Job 42, 5-6

Capítulo 5 – Sentándonos en Su presencia

Me doy cuenta de que algunos textos tratan con temas muy diferentes de los que se encuentran en algunos libros excelentes acerca de la adoración, pero mi propósito es presentar a los lectores algunos conceptos diferentes para expandir nuestro horizonte e incluir algunas cosas que con frecuencia se pasan por alto. Así que no intento englobar las contribuciones de varios autores sino simplemente contribuir a lo que ya se ha escrito.

Retroalimentación

«Todo lo que puedo decir es gracias. Esto era tan necesario en este punto de mi vida, y no representa más conocimiento para mí, sino la manera en que veo mi caminar con Dios. Mi vida es una adoración completa al Dios Todopoderoso por su amor inagotable por mí». D. y S. O.

Una introducción para mi mentor

Dios, en su providencia, lo trajo a mi vida. Adoraba de manera genuina al Señor que amaba, era un adorador, y me contagió algo de su actitud. Se requiere de un verdadero adorador para guiar a alguien más en adoración.

Su nombre era John Glendinning, y fue mi antecesor en una iglesia de la que fui pastor por cinco años, y también asistía a las reuniones junto con su familia durante mi servicio en ese lugar. Su humildad confrontaba mi ego, discutía sin empacho sus debilidades, lo que se convertía en alimento para chismosos malvados, que descendían sobre él como buitres. No daba ninguna impresión de competencia o comparación.

Escucharlo orar era como si uno se sintiera atraído al trono y compartiera su cercanía con el Señor que amaba, era uno de los pocos amigos con los que podía sentirme totalmente a gusto, aun sin platicar. Era un verdadero amigo y quien me impulsó a pensar acerca del énfasis de este capítulo.

NUESTRO TEMA ES UNA INVITACIÓN PARA SENTARNOS CON NUESTRO REY. Así que es muy diferente a La adoración es un verbo, de Robert E. Webber. En lugar de tratarse de lo que hacemos, se expresa en la postura que tomamos debido a lo que nuestro Señor hizo.

El fundamento escritural para esta meditación

«Y entró el rey David y se puso delante de Jehová...»[1] Con este acto se terminó un esfuerzo prolongado para traer de regreso el Arca del Pacto, un anhelo del rey David. Un contraste con otras actividades tales como sacrificios continuos, júbilo, gritos, danzas, etc. Muchos ven estas actividades preliminares como la adoración o el objetivo de la adoración, pero el objetivo era ver el arca colocada en una tienda o tabernáculo, un evento que era el tema del profeta Amós.[2]

David se sentó en la presencia del Señor, y es la única ocasión en el Antiguo Testamento en que se menciona que alguien se sienta en presencia del Señor.[3] Santiago citó la profecía de Amós.[4]

El problema que se presentaba ante las personas era que si los gentiles que eran nuevos salvos tenían que obedecer la ley o si eran salvos sólo por gracia. Amós mencionó a los gentiles que llevarían el nombre del Señor, aunque no incluyó la maravillosa gracia de Dios que abriría la puerta a esta sorprendente inclusión de aquellos que antes estaban excluidos. Sin embargo, como lo mostraremos, la imagen de David sentado ante el Señor, celebrando la llegada del arca y su colocación en la tienda preparada para ello, fue un suceso profético, al llevarlo a cabo de ese modo, proclamó de manera visual la maravillosa gracia de Dios.

Pedro escribió, «Los profetas que profetizaron de la gracia destinada a vosotros, inquirieron y diligentemente indagaron acerca de esta salvación, escudriñando qué persona y qué tiempo indicaba el Espíritu de Cristo que estaba en ellos, el cual anunciaba de antemano los sufrimientos de Cristo, y las glorias que vendrían tras ellos».[5] Tanto las palabras como la posición formaban parte de la profecía. Existen muchas referencias a esta posición, tanto en el Antiguo como en el Nuevo Testamento.

En primer lugar, observe que no había un lugar para sentarse en un tabernáculo o templo en el Antiguo Testamento, pero el Salmo 110 predice que Cristo se sentaría a la diestra de Dios. Este pasaje del Antiguo Testamento es el más citado en el Nuevo Testamento, al menos 20 veces.

Antes de este evento singular en la vida de David

Trajeron el arca del Señor y la pusieron en la tienda que David ya había preparado para ello, «...y sacrificó David holocaustos y ofrendas de paz delante de Jehová».[6]

Después de un breve receso, David dio alimento con generosidad a la multitud que se había congregado, luego, Natán fue con David, quien estaba sentado ante el Señor, y le dio un mensaje que recordaba las bendiciones especiales que Dios tenía para David.

David se humilló y luego de escuchar las palabras de Natán, respondió al Señor, «Por tanto, tú te has engrandecido, Jehová Dios; por cuanto no hay como tú, ni hay Dios fuera de ti, conforme a todo lo que hemos oído con nuestros oídos».[7]

Lo que Dios hizo

Se alcanzó la redención. Jesús cumplió lo que se emulaba en los sacrificios del Antiguo Testamento, y se requirieron todos los sacrificios del Antiguo Testamento para expresar lo que cumplió en el sacrificio de una vez y para siempre en la cruz, «pero Cristo, habiendo ofrecido una vez para siempre un solo sacrificio por los pecados, se ha sentado a la diestra de Dios, de ahí en adelante esperando hasta que sus enemigos sean puestos por estrado de sus pies».[8]

El arca está en el lugar correcto, Cristo ya conquistó y está sentado «...y sentándole a su diestra en los lugares celestiales, sobre todo principado y autoridad y poder y señorío...»[9]

Pablo oraba para que entendiéramos esto, ya que tiene que ver con la iglesia.[10]

Nos invita a acercarnos y sentarnos en Su presencia

«Acerquémonos, pues, confiadamente al trono de la gracia, para alcanzar misericordia y hallar gracia para el oportuno socorro».[11] Además, «y juntamente con él nos resucitó, y asimismo nos hizo sentar en los lugares celestiales con Cristo Jesús, para mostrar en los siglos venideros las abundantes riquezas de su gracia en su bondad para con nosotros en Cristo Jesús».[12]

La palabra confianza es una palabra griega que significa libertad de expresión, y se contrapone a la condición cuando toda boca se cerraba por la ley.[13] Ahora se nos anima a que «sean conocidas vuestras peticiones delante de Dios en toda oración y ruego, con acción de gracias».[14] En términos coloquiales, cuéntale todo.

Unas palabras de aliento

Job anhelaba tener un momento con Dios para presentar su queja, ahora estamos con el Rey y Él está con nosotros. El salmista nos anima, «Estad quietos, y conoced que yo soy Dios».[15]

Isaías dice, «...en quietud y confianza será vuestra fortaleza».[16] Pedro añade, «echando toda vuestra ansiedad sobre él...»[17] y continúa diciendo «Sed sobrios». Qué apropiadas son esas últimas palabras cuando es tan difícil sólo sentarse en la presencia del Rey. ¡Hacerlo así es ADORAR!

Escoger lo que es mejor

«Aconteció que yendo de camino, entró a una aldea; y una mujer llamada Marta le recibió en su casa. Ésta tenía una hermana que se llamaba María, la cual, sentándose a los pies de Jesús, oía su palabra. Pero Marta se preocupaba con muchos quehaceres, y acercándose, dijo: Señor, ¿no te da cuidado que mi hermana me deje servir sola? Dile, pues, que me ayude.

Respondiendo Jesús, le dijo: Marta, Marta, afanada y turbada estás con muchas cosas. Pero sólo una cosa es necesaria y María ha escogido la buena parte, la cual no le será quitada».[18] Quise incluir el relato completo debido a su pertinencia.

¿QUÉ QUEREMOS DECIR CON SENTARNOS EN SU PRESENCIA?

En primer lugar, alguien podría decir que no lo vemos. ¡Ese es el asunto! La respuesta está en lo que usted le diría a un pecador a quien le está dando testimonio pero que le dice, «No lo veo». O está o no está, y si no está, puede dejar de evangelizar.

Nos prometió, «...Nunca te dejaré ni te abandonaré».[19] Lo adoramos al descansar en su promesa fiel, aunque claro está que en ocasiones nos dice qué hacer, pero en caso contrario, esperamos para ver que la salvación es del Señor.

¿Qué tan elocuente es sentarse en Su presencia?

No es una suposición sino una certeza de Quién nos invita. Esto nos dice que nos acepta de manera incondicional, «para alabanza de la gloria de su gracia, con la cual nos hizo aceptos en el Amado».[20]

¡Es un acto de adoración! ¡Celebra con alabanza al triunfo de la cruz! Descansa en que concluyó su trabajo, como lo hace hoy.[21]

Mezclar nuestras obras con la suya es lo opuesto a la adoración, es por esto que, a manera de símbolo, se nos dice que no debemos presentarnos delante del Señor vestidos con «cosa de lana» ni con «cosa que los haga sudar».[22]

Algunos ejemplos extraordinarios a continuación: Pedro dormía a pesar de enfrentar una ejecución inminente.[23] En otro momento, Pablo glorificó al Señor aunque enfrentaba la posibilidad de una ejecución. «Regocijaos en el Señor siempre. Otra vez digo: ¡Regocijaos!»[24]

La aplicación para nuestra vida

La adoración significa dar «gracias en todo».[25] Significa contemplar «...la gloria de Dios en la faz de Cristo».[26] Debemos meditar y reflexionar en Él, en lugar de estar inquietos. No se trata de intentar cambiar por nosotros mismos, sino ser transformados por el Cristo revelado.[27] Relájese en Su presencia, espere que Él le hablará.

La próxima vez que alguien diga «pongámonos de pie para adorar al Señor», quizá debamos responder, «Por favor, ¡siéntense en Su presencia!» ¿No es esto acerca de nosotros y nuestros sentimientos más que glorificar al Señor? Podríamos tomar prestada una frase que se dice a los vecinos que tienen fiesta, «¡Bájenle a la música!».

Solo contemplémoslo a Él, quien es la música.[28] En realidad, cierto tipo de música dificulta la meditación y la contemplación. Les comparto un verso de un poema que me ha motivado desde mi adolescencia.

El Nombre de Jesús
¡El Nombre de Jesús! ¡Nombre más alto!
¡Nombre que tierra y cielos adoran!
Vino del corazón de Dios,
Me guía de regreso a Su corazón, una vez más.

Teerrstegen[29]

Le invito a compartir sus comentarios y opiniones. Escríbanos a:
Envíelos a: Juan Kennington
http://renuevalamente.org

---

1 *2º de Samuel 7:18*

2 *Amós 9,11*

3 *En la antigüedad, sentarse era una actitud de adoración. Es probable que David se sentara sobre sus talones, lo que emulaba la posición que los antiguos egipcios tomaban en sus santuarios. En Oriente indica una actitud de respeto ante los superiores, y sólo las personas de muy alto rango se sientan así delante de los reyes. En la costumbre musulmana, es la posición que toman los fieles en los lugares sagrados y durante sus ritos. N. del T.*

4 *Hechos 15,13-18*

5 *1ª de Pedro 1,10-11*

6 *2º de Samuel 6:17*

7 *2º de Samuel 7:22*

8 *Hebreos 10:12, 13*

⁹ *Efesios 1:20, 21*
¹⁰ *Efesios 1:18, 22*
¹¹ *Hebreos 4,16*
¹² *Efesios 2,6 - 7*
¹³ *Romanos 3,19*
¹⁴ *Filipenses 4,6*
¹⁵ *Salmo 46,10*
¹⁶ *Isaías 30,15*
¹⁷ *1ª de Pedro 5,7*
¹⁸ *Lucas 10,38-42*
¹⁹ *Hebreos 13,5 DHH*
²⁰ *Efesios 1,6*
²¹ *Hebreos 10,12-13*
²² *Ezequiel 44,17-18*
²³ *Hechos 12,7*
²⁴ *Filipenses 4,4*
²⁵ *1ª a los Tesalonicenses 5,18*
²⁶ *2ª a los Corintios 4,6*
²⁷ *2ª a los Corintios 3,18*
²⁸ *Isaías 12,2*
²⁹ *Cantos de victoria núm. 4*

Capítulo 6 – La visión de Isaías[1]

Como preparación para este capítulo

«...pero vendré a las visiones y a las revelaciones del Señor».[2] Luego de 14 años de que Pablo experimentó ese rapto personal, escribió estas palabras. Nunca usó tal experiencia como una credencial espiritual ni para compararse carnalmente con otros. Otro caso. Hace algunos años, tuvimos el privilegio de recibir a Richard Wurmbrand en nuestra congregación en Portland, poco tiempo después de que salió de prisión en Rumania, quién me impactó de manera profunda. Algo de lo que compartió fue la historia de una mujer que siempre testificaba de las visiones que tenía hasta que una vez tuvo una de verdad, de la que no dijo mucho.

También había un hombre en Kansas que decía que iba al cielo todas las noches. Tales afirmaciones disminuyen el impacto de los encuentros reales que transforman las vidas como el que experimentó Isaías, como está registrado en el capítulo 6 de su libro, el cual es la base para este capítulo.

Una definición desafiante de adoración

«Adoración: aprestar la consciencia por la santidad de Dios, alimentar los pensamientos con la verdad de Dios, limpiar la imaginación con la hermosura de Dios, abrir el corazón al amor de Dios, y rendir la voluntad a los propósitos de Dios». -William Temple, Arzobispo de Canterbury

Retroalimentación

«Gracias por enviarme esto». S.C.

«'Pongámonos de pie para adorar al Señor'. ¿Qué crees que estábamos haciendo? ¿Sentarnos sin propósito alguno? La implicación clara aquí es que, si no se está de pie, o moviendo las manos, o aplaudiendo, o cantando al mismo tiempo, entonces no se está adorando de verdad. Para aquellos de nosotros que estamos haciendo nuestro mayor esfuerzo para seguir al Camino, la Verdad y la Vida, la adoración es un estilo de vida, no es algo que se abre o cierra, como una llave de agua, en ciertos momentos los domingos en la mañana». D.S.J.

«El último capítulo me ministró en verdad... ¡Sigamos sentados en presencia del Rey!» Pastor T.S.

La imagen es clara

Todo el pueblo acampaba alrededor del Tabernáculo de Reunión. El Tabernáculo de adoración se diseñó con un patio exterior y un Lugar Santísimo, al centro de todo. Para acercarse, hasta las personas autorizadas debía hacerlo por medio de la sangre redentora, obedeciendo de manera meticulosa las reglas divinas, con un gran cuidado y respeto.

La revelación del dios que adoramos[3]

El pueblo de Dios se encontraba en un periodo de muerte espiritual.

El rey Uzías usurpó el papel de sacerdote para entrar en el lugar santo, como consecuencia, murió de lepra. El profeta Isaías estaba muy conmovido por la condición espiritual de su pueblo, y una y otra vez repetía, angustiado, « ¡Ay de ti...ay de ti! » a un pueblo indiferente que se había olvidado de quién era su Dios y de quiénes eran como Su pueblo. Luego, Dios irrumpió en la consciencia de Isaías revelándose a Sí mismo. Isaías exclamó, «En el Año que murió el rey Uzías, vi yo al Señor sentado sobre un trono alto y sublime, y sus faldas llenaban el templo».

Isaías se sintió desecho y exclamó, « ¡Ay de mí! que soy muerto; porque siendo hombre inmundo de labios, y habitando en medio de un pueblo que tiene labios inmundos, han visto mis ojos al Rey, Jehová de los ejércitos». Isaías, que había exclamado ayes[4] sobre su pueblo, ahora exclamaba, « ¡Ay de mí! que soy muerto». Algunos traductores, para capturar ese momento de desesperación, tradujeron «estoy disuelto». Leupold, en su comentario escribió, «Ningún hombre antes de Isaías había recibido el impacto de la santidad de Dios de manera tan fuerte como él». Bengel escribió, «La gloria de Dios es su santidad al descubierto, su gloria íntima es como su santidad». Los encuentros genuinos con Dios revelan al hombre, de manera invariable, su propio pecado. Esta consciencia de pecado es la señal de una revelación auténtica de Dios.

Hasta los santos serafines no se atrevían a mirar directamente a Dios, sino que exclamaban, «Santo, santo, santo, Jehová de los ejércitos...». Young comenta que el significado de la palabra hebrea para santo, qadash, describe «la plenitud de la perfección divina que separa a Dios de toda Su creación». Su explicación de la santidad apoya nuestra tesis de la adoración radical.[5]

¡El humo del incienso encendido nos da una sensación del lugar santísimo!

Estoy espantado y me es difícil comunicar esta situación terrorífica. Entendemos esto como una visión, ya que Dios no tiene un cuerpo físico. Esta revelación de Dios a Isaías tuvo que pasar por algo como un transformador de luz, de otro modo hubiera destruido a Isaías. El capítulo seis de Isaías es el capítulo más importante en cuanto a la adoración en el Antiguo Testamento, centra nuestro temor y da forma a nuestra adoración.

Una revelación tan tremenda impacta con un temor santo en todos aquellos que se acercan al Dios vivo, así como en aquellos que hablan Su santa palabra. Sólo Su gracia le movió a descender para comunicarse con Su profeta, así como con aquellos que hablan en su Santo Nombre.

La confrontación, el llamado y la misión de Isaías

El Rey de reyes y el Señor de señores se reveló a Isaías como el único que era «alto y muy exaltado», que sobrepasaba todas las afirmaciones de los dioses creados por el hombre, creaciones producidas por la imaginación del hombre. Sus ropas reales llenaban el templo, sin dejar lugar para nadie más. La voz del Dios Todopoderoso llegó a un profeta aterrado, abrumado por su propio pecado, «Después oí La voz del Señor, que decía, ¿A quién enviaré, y quién irá por nosotros?

Entonces respondí yo: Heme aquí, envíame a mí»,
pero no lo envió hasta después de que un serafín tomó
un carbón encendido del altar de expiación, y tocó su
boca y le dijo, «He aquí esto tocó tus labios, y es quitada
tu culpa, y limpio tu pecado».[6] El Todopoderoso dijo,
«Anda, y di a este pueblo».

Qué difícil tarea el ir a aquellos de quienes Isaías
había dicho ¡Ay de ti!, pero se requería esta visión para
fortalecerlo y esta limpieza para capacitarlo, para
enfrentar a un pueblo frío e indolente.

La visión se convirtió en el mensaje

«Isaías dijo esto cuando vio su gloria, y habló
acerca de él».[7] Isaías profetizó de Juan el bautista quien
presentaría a Jesús, diciendo, «Voz que clama en el
desierto: Preparad camino a Jehová; enderezad calzada
en la soledad a nuestro Dios».[8] Luego, refiriéndose a la
persona llamada el brazo del Señor, Isaías dijo, « ¿Quién
ha creído a nuestro anuncio? ¿y sobre quién se ha
manifestado el brazo de Jehová? ». Aquellas palabras de
Isaías 53 nos ayudan a entender la visión que Isaías
tuvo de la gloria, y a cambiar nuestro entendimiento del
sistema de sacrificios del Antiguo Testamento.

La visión se convirtió en el evangelio, que es
«poder de Dios para salvación a todo aquel que cree...».[9]
Nuevamente, Pablo lo describe, «Y todo esto proviene de
Dios, quien nos reconcilió consigo mismo por Cristo, y
nos dio el ministerio de la reconciliación».[10]

La misma palabra reconciliación significa cambiar
o intercambiar, y expresa como Jesús se hizo pecado
con nuestro pecado para que fuéramos hechos justicia
de Dios en Él. (2ª a los Corintios 5, 21) El evangelio es el
poder de Dios para salvación para aquel que cree.
(Romanos 1,16)

La revelación

Adelantémonos algunos cientos de años. La profecía de Isaías se encarnaba. Jerusalén estaba repleta de peregrinos que abarrotaban la ciudad para celebrar la Pascua y sucedió lo imposible, algo que nunca había pasado. ¡Se estremeció la ciudad! Los líderes estaban consternados; sus planes, deshechos.

Jesús, el personaje que causaba controversia, resucitó a Lázaro de entre los muertos, que ya tenía varios días de muerto. Sus enemigos no sabían qué hacer, y para resolver el problema, las autoridades conspiraron para matar a Jesús y a Lázaro. Se preparó el escenario.

La hora llegó

En otro lugar, algunos peregrinos griegos que se enteraron del suceso de Lázaro se reunieron, un tanto alejados de la multitud, con la esperanza de ver a Jesús. Le dijeron a uno de los discípulos, «Quisiéramos ver a Jesús», quien pasó el mensaje a Cristo.[11] Jesús les contestó, «...Ha llegado la hora para que el Hijo del Hombre sea glorificado». Esta hora, el momento de la revelación, había llegado. La hora llegó para que Dios diera a luz a la esperanza de los siglos, aunque eso significara el dolor inmenso del Calvario. ¡De las sombras emergería la sustancia, el cumplimiento de la promesa!

Él se mostraría a sí mismo, el Dios que hasta ese momento se había ocultado se mostraría. Aquel que ostentaba el misterioso título de Hijo del Hombre se descubriría. «Cuando alcen al Hijo del Hombre, conocerán al YO SOY». (Texto original)

¡El cielo estaba expectante! El deseado de todas las naciones estaba a punto de revelarse. La luz eterna rompería en la oscuridad, los ayes se convertirían en bendiciones.

Era un momento un tanto similar a la develación de una escultura hecha, por ejemplo, por Miguel Ángel. Todos los años de trabajo duro y detallado habían llegado a su clímax, y las multitudes se arremolinaban en espera de la develación. Ahora, a una escala infinitamente más grande, la imagen de Dios se develaría, el que era el Hijo unigénito de Dios, «el resplandor de Su gloria» se mostraría a sí mismo.

El mismo Dios que se mostró a Isaías se mostraría a sí mismo en la cruz, y todos los atributos de Dios brillarían a una. Jesús lo expresó en su oración a su Padre, «Padre, la hora ha llegado; Glorifica a tu Hijo, para que también tu Hijo te glorifique a ti».[12] La cruz sobre la que colgarían a Jesús desnudo, delante de sus escarnecedores, fue el lugar en el que Dios quedaría al descubierto de modo que mostraría todos sus atributos de una vez. Literalmente sería el Dios al descubierto, a la vista de todos.

Entre otras cosas, vemos Su justicia al castigar al sustituto por nuestros pecados, vemos la eternidad de Dios de la misma manera en que ve los pecados de todas las edades, vemos la fidelidad de Dios de manera que es fiel a su promesa de alejar nuestros pecados como está lejos el Oriente del Occidente.

Su amor se hace evidente, «como había amado a los suyos que estaban en el mundo, los amó hasta el fin».[13] «La hora había llegado para que se glorificara el Hijo del Hombre». (Juan 12, 23) En palabras de Jesús, «Ahora está turbada mi alma; ¿y qué diré? ¿Padre, sálvame de esta hora? Mas para esto he llegado a esta hora. Padre, glorifica tu nombre». (12, 27-28) Jesús dijo, «Y yo, si fuere levantado de la tierra, a todos atraeré a mí mismo. Y decía esto dando a entender de qué muerte iba a morir». (12, 32 – 33) Esta era la respuesta para los griegos que querían ver a Jesús. (v. 21) La hora había llegado para la develación.

El cumplimiento de la profecía estaba a punto de suceder

La proclamación de Cristo y de la cruz llenaría el hueco entre ese evento y aquellos que escuchaban el mensaje, de modo que todo el mundo pudiera verlo. «Porque la tierra será llena del conocimiento de la gloria de Jehová, como las aguas cubren el mar».[14]

El apóstol Pablo lo llamó «...del evangelio de la gloria de Cristo, el cual es la imagen de Dios».[15] Es esta imagen la que tiene el poder para transformar.[16] La ley se cumpliría al pagar el castigo de aquellos que la habían violado.[17] Tiene el poder de hacer justo a un pecador ante Dios, que requirió mucho más de lo que se necesitó para resucitar a Lázaro. La doctrina romana de la transustanciación no se compara con la manera en la que Dios está presente en la predicación del evangelio.[18]

No todos podrían ver el cumplimiento de la profecía

Una oscuridad o ceguera legal vendría a todos los que rechazarían el evangelio de Su gloria. Esa predicción de la oscuridad legal hace eco siete veces en las páginas del Nuevo Testamento. Así que Isaías, con pesar en su corazón, dice en otro capítulo, « ¿Quién ha creído a nuestro anuncio? » El mensaje del Cordero de Dios. (Isaías 53)

El milagro de ver

«Y derramaré sobre la casa de David, y sobre los moradores de Jerusalén, espíritu de gracia y oración; Y mirarán a mí, a quien traspasaron, y llorarán como se llora por un hijo unigénito, afligiéndose por él como quien se aflige por el primogénito».[19] Es increíble lo que se puede lavar con lágrimas de un verdadero arrepentimiento.

¿Qué es lo que que verá?

Considere la singularidad del amor de Dios que mostró en la cruz, ahí puede ver a Dios. Sólo Dios ama al mundo con todo y su pecado asqueroso, sólo Dios amó tanto al mundo que se dio a sí mismo por el hombre y sólo el amor de Dios hace una diferencia tan grande como para dar vida eterna a los pecadores. Sólo Dios puede amar a los pecadores asquerosos como nosotros, sólo Dios amó a los pecadores en la misma cruz, sólo el amor de Dios hace la diferencia como para convertir a un pecador en hijo de Dios.

A veces la gente objeta la exclusividad del evangelio, sin embargo, es evidente que no existe nada igual en ninguna religión del mundo. Verá que le ama como si usted fuera su único hijo. ¡Se verá a usted mismo salvo![20] Podemos ver los atributos de Dios así como vemos los rasgos y características de nuestro rostro. Vemos a través del velo partido en dos por la cruz a Dios al descubierto, ¡más hermoso que ninguno! «De Sion, perfección de hermosura, Dios ha resplandecido».[21]

Exhortación

Demos la espalda a todos y a todo y «puestos los ojos en Jesús, el autor y consumador de la fe, el cual por el gozo puesto delante de él sufrió la cruz, menospreciando el oprobio, y se sentó a la diestra del trono de Dios».[22]

Hay mucho más que decir, pero me detendré en este punto.

Convivencia

Significa compartir, participar, involucrarse o abrirse a otros. Sin apertura no hay convivencia. Le invito a abrirse para compartir sus comentarios y opiniones. Estamos en verdad agradecidos con aquellos que ya lo han hecho. Envíelos a:
Juan Kennington
http://renuevalamente.org

---

[1] *Isaías 6,1-9*
[2] *2ª a los Corintios 12,1*
[3] *Isaías 6,1 ff*
[4] *Isaías 3,9-11; 5,8-11; 18, 20, 21, 22*
[5] *El libro de Isaías, Vol. 1, p. 242, Edward J. Young, El comentario internacional del Antiguo Testamento*
[6] *Isaías 6,7*

[7] Juan 12, 41
[8] Isaías 40,3
[9] Romanos 1,16
[10] 2ª a los Corintios 5,18
[11] Juan 12, 21 ff
[12] Juan 17,1
[13] Juan 13,1
[14] Habacuc 2,14
[15] 2ª a los Corintios 4,4
[16] 2ª a los Corintios 3,18
[17] Romanos 3,31
[18] 2ª a los Corintios 2,14 - 15
[19] Zacarías 12,10
[20] Juan 3,14-15
[21] Salmo 50,2
[22] Hebreos 12,2

Capítulo 7 – El templo

Retroalimentación

"Acabo de leer el último capítulo acerca de la adoración… Usted se expresa muy bien en un tema que se malentiende en los círculos cristianos». P.Z.

La gloria mayor de la casa de Dios hoy

«La gloria postrera de esta casa será mayor que la primera, ha dicho Jehová de los ejércitos; y daré paz en este lugar, dice Jehová de los ejércitos».[1]

Una comparación más que un contraste

En este pasaje no se aprecia un contraste marcado como lo hemos enfatizado al usar como título del curso La adoración radical. Esta es, en cambio, una comparación, de otro modo se pondría en tela de juicio lo que se ha dicho sobre el templo o tabernáculo, tanto en el Antiguo como en el Nuevo Testamento. Además, es consistente con la comparación que hace Pablo entre el Antiguo y el Nuevo Pacto.[2]

Las características principales de Hageo 2, 6-9

En primer lugar, el profeta compara que la tierra temblará cuando reciba la ley con el terremoto en la entrega del Nuevo Pacto, como lo menciona el escritor de Hebreos.[3]

Luego, en relación a esto, Hageo nombra una serie de otras similitudes, tales como la llegada del Deseado de todas las naciones.[4] Se incluyen referencias a las naciones, a los gentiles, a la paz, «...y daré paz en este lugar...»[5] y a la gloria, la gloria es lo principal. Estas características ya se encuentran en nuestro Nuevo Testamento. *(Vea también la nota 2)*

Dios estaba a punto de cambiarse a una nueva casa

«Y aquel Verbo fue hecho carne y PUSO SU TIENDA ENTRE NOSOTROS» es una traducción libre y exacta de Juan 1, 14, que nos recuerda al Tabernáculo en el desierto, la imagen de una tienda sugiere algo temporal y portátil. Se reemplazaría el antiguo lugar de adoración, como se muestra cuando Jesús limpió el templo.[6]

El azote de cuerdas, las monedas esparcidas, y cuando echó fuera del templo a todos y volcó las mesas, todo ello se ajusta a la descripción de nuestro curso como adoración radical.

Una parte del templo era el atrio de los gentiles, que se ajusta a la referencia que hace Hageo de las naciones. Cristo exclamó en el atrio de los gentiles, «...y no hagáis de la casa de mi Padre casa de mercado», y luego respondió a la pregunta que retaba Su autoridad para crear un caos semejante, «...Destruid este templo, y en tres días lo levantaré». Para todos aquellos que estén interesados en la Hermenéutica, noten el doble significado de templo, lo que confunde a los que toman el término de manera literal.

Jesús respetó las palabras de Deuteronomio 12 que hablan de un lugar designado por Dios, pero no terminó ahí, ya que Jesús también identificó de manera clara que el nuevo lugar para que Dios habitara era Él mismo. Esto fue un cambio radical para una nación que se había reunido en Jerusalén por siglos para celebrar la Pascua. De hecho, la purificación que Jesús hizo del templo concuerda justamente con su enseñanza para que limpiaran los hogares de levadura, ya que era el tiempo de la Pascua, y la autoridad de Jesús para actuar ese día se fundamentaría en su muerte y en su resurrección. Desde ese momento en adelante, Jesús es el templo.

La descripción arquitectónica del nuevo templo

Dios, por medio de su profeta Natán, le prometió a David, «...Asimismo Jehová te hace saber que él te hará casa».[7] Esto concuerda con las palabras de Zacarías, «Y le hablarás diciendo: Así ha hablado Jehová de los ejércitos, diciendo: He aquí el varón cuyo nombre es el Renuevo, el cual brotará de sus raíces, y edificará el templo de Jehová».[8] Jesús dijo que Él era quien edificaba.[9]

Después, Pablo nos dice que como un «perito arquitecto», arktekton en griego, «Porque nadie puede poner otro fundamento que el que está puesto, el cual es Jesucristo».[10]

El fundamento es la base de todo. Después, Pedro cita a Isaías, «...He aquí, pongo en Sion (otro versículo en el que una palabra tiene un doble significado), la principal piedra del ángulo, escogida, preciosa...»[11]

Acaba de decir, «vosotros también, como piedras vivas, sed edificados como casa espiritual y sacerdocio santo, para ofrecer sacrificios espirituales aceptables a Dios por medio de Jesucristo».[12] Esto concuerda con lo que Pablo le dice a los creyentes gentiles, «Así que ya no sois extranjeros, (recuerden las palabras de Hageo) ni advenedizos, sino conciudadanos de los santos, y miembros de la familia de Dios».[13]

Otra vez en Efesios, dice, «en quien vosotros también sois juntamente edificados para morada de Dios en el Espíritu».[14] Esto nos recuerda las palabras de Esteban al citar a Isaías, «El ciclo es mi trono, y la tierra el estrado de mis pies. ¿Qué casa me edificaréis?...»[15] Tanto Esteban como Isaías apelan a la misma esencia de la naturaleza de Dios.

¿Qué es lo mismo?

Esta es la pregunta que la comunidad judía cristiana tuvo que hacer luego de que la expulsaran del templo y de las sinagogas. ¡Fue un cambio radical para ellos! El escritor de la carta a los Hebreos contesta que la promesa de Dios es que nunca los abandonará, y luego explica quién es el que está con ellos, «Jesucristo es el mismo ayer (la dispensación pasada), y hoy (la dispensación presente), y por los siglos».[16]

Por medio de Hebreos, el escritor enfatiza lo que ahora tenemos, es decir, tenemos un gran sumo sacerdote, una mejor y perdurable herencia, una patria celestial. «Tenemos un altar, del cual no tienen derecho de comer los que sirven en el tabernáculo».[17] Así que, aunque en apariencia hayan perdido tanto, en realidad ganaron mucho más, en el reino de la realidad espiritual.

¿Qué cambió?

Los judíos cristianos quedaron excluidos del templo y de la sinagoga, a algunos los desheredaron, otros perdieron sus trabajos y sufrieron persecución. Sin embargo, estos cambios sucedieron en el plano natural.

¿Qué es lo nuevo?

Lo que una vez fue una serie de sacrificios continuos fue reemplazado por un solo sacrificio que logró más que los millones de sacrificios anteriores, fue una vez y por todos, una sola vez por el pecado, una sola vez por todos los hombres. Todos podemos entrar en su reposo, ya que terminó su obra, cada uno de los creyentes era ahora un sacerdote ante Dios. «Acerquémonos, pues, confiadamente al trono de la gracia, para alcanzar misericordia y hallar gracia para el oportuno socorro».[18]

Aquello que nos separaba de Su presencia es ahora una necesidad, lo que enfatiza la invitación. Todos están invitados a la sala del trono del Rey, ahora existe un camino nuevo y vivo.[19] En un tiempo para acercarnos a Dios íbamos al templo, ahora lo hacemos al acercarnos a una congregación local.[20]

Las peregrinaciones ya nos son parte de nuestras obligaciones anuales como seguidores de nuestro Señor, ya no hay un patio exterior, ni un atrio para las mujeres, ni uno para los gentiles. Muchas de estas cosas las damos por hecho, lo que causa que no apreciemos lo que tenemos gracias a Cristo y a su cruz.

La adoración radical vista a través de los ojos de Dios

«Porque no os habéis acercado al monte que se podía palpar, (es decir, que se percibe por medio de los sentidos) y que ardía en fuego, a la oscuridad, a las tinieblas y a la tempestad, al sonido de trompeta, y a la voz que hablaba, la cual los que la oyeron rogaron que no se les hablase más, porque no podían soportar lo que se ordenaba: Si aun una bestia tocare el monte, será apedreada, o pasada con dardo».

En contraste

«Sino que os habéis acercado al monte de Sion, a la ciudad del Dios vivo, Jerusalén la celestial, A la compañía de muchos millares de ángeles, a la congregación de los primogénitos que están inscritos en los cielos, A Dios el juez de todos, a los espíritus de los justos hechos perfectos, a Jesús el mediador del nuevo pacto, y a la sangre rociada que habla mejor que la de Abel».[21]

¡Es la realidad espiritual! No se compara con nada tangible ni aquello que emociona a tantos y que es en realidad una distracción. ¡Que Dios nos dé colirio para que experimentemos la gloria mayor!

Envíe sus comentarios a:
Juan Kennington
http://renuevalamente.org

---

[1] *Hageo 2,9*
[2] *2ª a los Corintios 3,7-11, en donde gloria (NIV) se menciona 11 veces en cuatro versos.*
[3] *Hageo 2,6 – 7; Hebreos 12,26- 27*
[4] *Hageo 2,7*

[5] *Hageo 2,9*
[6] *Juan 2,12-19*
[7] *2º de Samuel 7,11*
[8] *Zacarías 6,12*
[9] *Mateo 16,18*
[10] *1ª a los Corintios 3,11*
[11] *1ª de Pedro 2,6*
[12] *1ª de Pedro 2,4- 5*
[13] *Efesios 2,19*
[14] *Efesios 2,21*
[15] *Hechos 7,49; Isaías 66,1- 2*
[16] *Hebreos 13,8*
[17] *Hebreos 4,14; 10,34; 11,16; 13,10*
[18] *Hebreos 4,16*
[19] *Hebreos 10,20*
[20] *Hebreos 10,22-25*
[21] *Hebreos 12,22-24*

Capítulo 8 – Adoración en verdad

Retroalimentación

«Me gustó mucho el último capítulo, Dios al descubierto, aunque la gente de este país simplemente no lo entiende». J.C.

Acotación

En nuestro último capítulo se mencionó que el escritor de la carta a los Hebreos citó la profecía de Hageo, «y haré temblar a todas las naciones, y vendrá el Deseado de todas las naciones; y llenaré de gloria esta casa, ha dicho Jehová de los ejércitos».[1]

El primer temblor ocurrió en el Sinaí cuando Dios hizo que «los montes saltaron como carneros y los collados como corderitos», en el primer Éxodo.[2] «La voz del cual conmovió entonces la tierra...»[3]

El segundo temblor sucedió en el segundo Éxodo, que se celebra en cada comunión, así que el escritor de Hebreos dice, «Así que, recibiendo nosotros un reino inconmovible, tengamos gratitud, y mediante ella sirvamos a Dios agradándole con temor reverencial; porque nuestro Dios es fuego consumidor».[4]

El Rey y su reino se presentan en el primer capítulo de Hebreos y el Rey y Sacerdote ocupan la mayor parte del libro, por lo que es difícil pensar en esto como algo futuro.

El primer pasaje acerca de la adoración en el Nuevo Testamento

¡En el capítulo cuatro de Juan aparece la única enseñanza de Jesús acerca de la adoración! En él, la ley y la gracia chocan en la historia de la mujer samaritana. Según la ley tenía que morir, pero Jesús le ofrece el agua de la vida. Ello refleja las palabras iniciales del evangelio de Juan, «Pues la ley por medio de Moisés fue dada, pero la gracia y la verdad vinieron por medio de Jesucristo».[5]

Nuestro tema para este capítulo es que debemos adorar al padre en espíritu y verdad. La palabra deber indica la necesidad de las cosas, como en debo respirar. Se basa en la misma naturaleza de Dios, quien es espíritu. En espíritu contrasta con su mundo de lo sensual; una ciudad, un templo, animales sacrificados, etc.

El salón de clases de Jesús

«Salió de Judea, y se fue otra vez a Galilea. Y le era necesario pasar por Samaria.» De manera providencial, sus discípulos se habían retirado antes de que se encontrara cara a cara con la mujer samaritana en el pozo de Jacob.

Cuando una mujer samaritana se acercó para sacar agua, Jesús la sorprendió al decirle, «Dame de beber», lo que violaba la costumbre por la que un judío nunca usaba un utensilio samaritano para beber, lo que es el significado de la palabra griega, «no se junten con los samaritanos».

El pozo tenía alrededor de 30 m de profundidad y tenía un muro de piedra, por lo que era necesario usar una cuerda para sacar agua. La mujer fue sola, quizá porque la despreciaban por su conducta inmoral.

La situación para la lección

Existía un largo conflicto entre los samaritanos y los judíos. Los samaritanos rechazaban toda la Escritura, a excepción del Pentateuco, construyeron su templo en el año 400 a.C. y los judíos lo destruyeron en el año 129 a.C. Sin embargo, los samaritanos aún reverenciaban el lugar en el que había estado su templo.

Los samaritanos respondieron quemando huesos sobre el altar en Jerusalén, así que se entiende la animosidad entre ellos. El templo samaritano se dedicó a Zeus.[6]

La mujer no tenía mucho a su favor, ya que era mestiza. Nos enteramos del monte Gerizim por primera vez en Deuteronomio, en donde se le conoce como el monte de la bendición, aunque la bendición se basaba en la obediencia.[7]

Por tanto, era necesario vencer algunos obstáculos que parecían imposibles, la gracia era la única solución, ya que por la ley la tenían que haberla apedreado. La diferencia radical entre ella y Jesús es el fundamento para el nombre de este curso, LA ADORACIÓN RADICAL. La adoración reconoce esa diferencia.

El momento de la lección

«Dame de beber». La mujer le responde, «... ¿Cómo tú siendo judío, me pides a mí de beber, que soy mujer samaritana? »[8] Jesús le contestó, «...Si conocieras el don de Dios, y quién es el que te dice: Dame de beber; tú le pedirías, y él te daría agua viva».

Pensemos en esto, en que le ofrece el regalo de la vida eterna a una mujer como ella. ¡La obtendría si tan sólo se la pidiera! Antes debe saber quién es Jesús, quien estaba a punto de revelarse a sí mismo a la mujer.

Recordemos lo que Jesús dijo, «Todas las cosas me fueron entregadas por mi Padre; Y nadie conoce al Hijo, sino el Padre, ni al Padre conoce alguno, sino el Hijo, y aquel a quien el Hijo lo quiera revelar».[9] Conocer verdaderamente a Jesús depende de que Él se muestre a sí mismo, esto incluía palabras con un doble significado, una característica del evangelio según Juan.

El agua y beber tienen dos significados distintos. Se puede pensar que el término agua viva es la clave, pero no es así. Significa agua burbujeante, como la de un manantial, en contraste con el agua estancada en una cisterna. En el fondo del pozo de Jacob se encontraba un manantial que brotaba. Una palabra más adecuada para traducir pozo es manantial.

Ella, sin embargo, persiste en hablar de agua natural, pero Jesús le dice que el agua no es una bebida cualquiera, sino un pozo que se convertirá un pozo artesiano interno, una clase de agua totalmente diferente, que no requiere ni de una cuerda ni de una bomba. Esto confunde a aquellos que persisten en bombear soluciones para satisfacer su sed espiritual.

¡Beber una sola vez debe satisfacer para siempre! De hecho, Jesús dice, «...el que bebiere de esta agua del agua que yo le daré, no tendrá sed jamás».[10]

Lenski, la fuente de donde se tomó la cita anterior, dice que la doble negación «es la negación más fuerte en el futuro del indicativo». La que satisface y perdura para siempre debe ser de naturaleza espiritual. La mujer no se da cuenta quien hablaba con ella ni de esta nueva clase de agua, así que le dijo, «...dame de esa agua, para que no tenga yo sed, ni venga aquí a sacarla».

Una comparación entre los pozos y el agua

William Hendricksen hizo el análisis.[11]

El pozo de Jacob	El agua viva de Jesús
Bebe y tendrás sed otra vez	Satisface para siempre
No satisface al hombre interior	Entra y permanece adentro
Cantidad limitada	Un manantial perpetuo en sí mismo

Se desenmascara a la mujer y el hijo se revela

«Ve, llama a tu marido, y ven acá». Esto condujo al descubrimiento de la identidad de Jesús, así como a desenmascarar a la mujer, conocerlo y conocernos a nosotros mismos son requisitos para la fe auténtica. Le dijo, «No tengo marido». Jesús le contestó, «Bien has dicho: No tengo marido; Porque cinco maridos has tenido, y el que ahora tienes no es tu marido; Esto has dicho con verdad».[12]

Esto niega la idea de que vivir con alguien constituye un matrimonio, de otro modo, el hombre con el que vivía hubiera sido el esposo número seis. Sin su máscara, ahora exclama, «Señor, me parece que eres profeta», aunque de inmediato regresa a su entendimiento natural de los lugares y espacios naturales.

Una lección de geografía del Nuevo Testamento, los tres templos

El sitio en disputa era el templo judío, en Jerusalén. Pero el TEMPLO VERDADERO se había acercado a ella en lugar de que ella fuera al templo, ni el templo en Jerusalén ni el templo en Samaria tenían ya valor alguno. No había agua en los viejos sitios, Jesús mismo era el templo de Dios.[13] Ella había buscado a Dios en el templo samaritano, pero ahora Jesús, el nuevo templo, la había buscado.

El poder transformador del Agua Viva

El agua que transforma se describe como el agua que fluye del templo en la profecía de Ezequiel.[14] Las dimensiones de la ciudad, de acuerdo con Patrick Fairbarn, eran «más grandes que las de la tierra de Canaán en su totalidad».[15]

Esta pista nos ayuda a entender el mensaje del profeta, ya que sugiere que se trata de algo mucho más grande, en un plano distinto. Aunque no hay una cita específica que conecte este pasaje con Juan siete, en el que Jesús dice que los ríos de agua viva fluirán de aquellos que crean en Él, sí es cierto que en ese mismo lugar Jesús dijo que sería «como dice la Escritura», a pesar de que «no es la fórmula para presentar una cita directa de la Escritura, reproduce el sentido de la Escritura».[16]

Así entendemos esto como la suma de todo lo que se predijo en el A. T. en relación a la venida del Espíritu Santo bajo el Nuevo Pacto. No contamos ni con el tiempo ni con el espacio para identificar la pléyade de pasajes que profetizan el ministerio del Espíritu, pero la evidencia es amplia para mostrar que estamos en la nueva era.

El tiempo y el lugar para la verdadera adoración

«MAS LA HORA VIENE, Y AHORA ES, CUANDO LOS VERDADEROS ADORADORES ADORARÁN AL PADRE EN ESPÍRITU Y VERDAD».[17] El futuro llegó. El Espíritu Santo llegó y está aquí, hoy es el día de salvación. El libro de los Hebreos dice continuamente, « ¡Hoy! »

La mujer samaritana se encontraba en una encrucijada entre la antigua y la nueva dispensación. Dios se fue del templo del A.T. que se conocía como la casa de mi Padre y del que Jesús dijo, «He aquí que vuestra casa os es dejada desierta».[18] Ya se derramó el Espíritu Santo, «...esto que vosotros veis y oís».[19]

Ahora tenemos un agua nueva, pero el hombre natural siempre busca un dios palpable para adorar y cosas de la carne para adorar por medio de ellas. Lo espiritual reemplazó lo físico y lo natural, aunque se puede comprender sólo si el Espíritu abre nuestros ojos.[20]

La nueva geografía nos muestra que el nuevo lugar es en espíritu y verdad, y no en Jerusalén ni en Samaria. A veces parece que la enseñanza y la adoración son dos cosas diferentes, sin embargo, este pasaje de Juan las une. Por ello nos podemos dar cuenta que el entender la teología es la base misma para la adoración, sin un entendimiento adecuado, nadie puede calificar como un verdadero adorador ni ser la clase de adorador que el Padre busca.

Jesús dijo antes, si conocieras el don de Dios, para enfatizar que la verdad es la clave para la adoración. Jesús dijo que como Dios es espíritu, nuestra adoración debe corresponder a la naturaleza de Dios. Jesús dijo que los samaritanos adoraban «...lo que no sabéis».[21] Continuó diciendo que «...la salvación viene de los judíos», refiriéndose seguramente al hecho de que tenían las Escrituras que los samaritanos habían rechazado.

Desearía que aquellos que dirigen la alabanza fueran teólogos y no solo músicos talentosos. En palabras del profesor Waltke, del Colegio Regent en Vancouver, B.C., según recuerdo, «Todos son teólogos, algunos informados y otros no».[22] Alguien hizo un comentario muy diferente a manera de protesta a lo que está de moda en algunos lugares, refiriéndose a las canciones populares como canciones 7-11, es decir, siete palabras que se repiten 11 veces.

La tarea se terminaría en la cruz, para dar lugar a lo nuevo

Jesús dijo, «Mi comida es que haga la voluntad del que me envió, y que acabe su obra».[23] Fue en la cruz en donde exclamó, «Consumado es».[24] Esto concuerda con las palabras, «...pues aún no había venido el Espíritu Santo, porque Jesús no había sido aún glorificado».[25]

Fue en la cruz en donde Jesús fue glorificado.[26] Se requería la cruz para hacer posible que el Padre derramara el Espíritu Santo sobre los pecadores, para eliminar la barrera entre judíos, gentiles y samaritanos. La cruz nos hizo aptos[27] para «subir al monte de Jehová»,[28] y para entrar a Su presencia y ofrecernos a nosotros mismos a Dios. El motivo para adorar cambió para siempre.

El Padre es el centro de nuestra adoración

«...Mujer, créeme, que la hora viene cuando ni en este monte ni en Jerusalén adoraréis al Padre».[29] Esta fue la afirmación de un hecho. Asimismo, las palabras de Jesús refiriéndose al único Padre, hacían la distinción de los padres de los que hablaba la mujer.

¡Era un término de una relación! La mujer la bebió y su objetivo cambió. ¡Que Dios nos ayude a enfocarnos en Él y no en nosotros mismos! En ocasiones, nuestros cantos y palabras de adoración están llenas de pronombres personales. No buscamos una experiencia de adoración sino al Padre.

La luz en el templo es Jesús

La mujer respondió, «Sé que ha de venir el Mesías, llamado el Cristo; cuando él venga nos declarará todas las cosas». Luego Jesús le declaró, «Yo soy, el que habla contigo».[30] ¡Este es el Mesías! Ese es su papel, el LUGAR en el Nuevo Testamento es Jesús mismo.

El Padre busca tu adoración

Un misionero en África meditaba en cómo traducir *Porque de tal manera amó Dios al mundo*. Regresó a su choza en donde un nativo observaba el interior de una tetera vacía que estaba en el fuego, y notó el sedimento dentro de ella que se desprendía de los lados. Exclamó, «la tetera se deprende en el interior por falta de agua». El misionero entendió la imagen y tradujo Juan 3,16, «Dios se deshace por dentro a causa de las personas».

¡Te ama! ¡Te anhela! ¡Te busca! Acércate. Experiméntalo a Él, y no sólo tengas una experiencia de adoración. «Dios se glorifica al máximo cuando estamos satisfechos al máximo en Él. El fin último del hombre es glorificar a Dios al gozar de Él por siempre».[31]

Agradezco mucho sus respuestas y comentarios. Envíe sus comentarios a:
Juan Kennington
http://renuevalamente.org

---

[1] *Hageo 2, 7*
[2] *Salmo 114,6*
[3] *Hebreos 12, 26*
[4] *Hebreos 12,28*
[5] *Juan 1, 17*
[6] *Grabación de una conferencia del Dr. Clowney, antiguo presidente del Seminario teológico de Westminster*
[7] *Deuteronomio 11,26 ff*

[8] *Juan 4, 9*

[9] *Mateo 11, 27; Juan 17,3*

[10] *Juan 4,13 Traducción de Lenski, Interpretación del evangelio según Juan, p. 310*

[11] *Comentario del Nuevo Testamento, p. 163*

[12] *Juan 4,18*

[13] *Juan 2,19- 21*

[14] *Ezequiel 47,1-6*

[15] *La presentación de Ezequiel, p. 438*

[16] *Interpretación del evangelio de Juan, p. 576*

[17] *Juan 4,23*

[18] *Mateo 23,38*

[19] *Hechos 2,33*

[20] *Efesios 1,18*

[21] *Juan 4,22*

[22] *Grabación de la conferencia de los Salmos*

[23] *Juan 4,34*

[24] *Juan 19,30*

[25] *Juan 7,39*

[26] *Juan 17,1*

[27] *Colosenses 1, 12*

[28] *Salmo 24, 3*

[29] *Juan 4,21*

[30] *Juan 4,26*

[31] *John Piper, Gravedad y gozo, p. 59*

Capítulo 9 – Los pasos del Maestro

Acotación - La mujer libertina y el lugar

La mujer: La multitud se salió de control cuando Pablo mencionó que iría a los gentiles, luego la multitud exclamó, «Quita de la tierra a tal hombre, porque no conviene que viva»,[1] mientras arrojaban sus ropas y lanzaban polvo al aire. Así que, ¿cuál sería su reacción al ver a una samaritana inmoral platicando con el santo Hijo de Dios? El escritor de Hebreos escribe acerca de la mujer y de pecadores como usted y yo, «Acerquémonos, pues, confiadamente al trono de la gracia, para alcanzar misericordia y hallar gracia para el oportuno socorro».[2]

El lugar: El Nuevo Testamento no dice nada a cerca de un lugar o de un edificio en donde adorar a Dios. La razón más obvia es la que dijo Jesús cuando los desestimó al decir, «… ni en este monte ni en Jerusalén».[3] He tenido el privilegio de visitar el Muro de los Lamentos del antiguo templo en Jerusalén, así como algunas de las catedrales más grandes de este mundo, muchos templos herejes alrededor del mundo y hasta he cubierto mis pies contaminados para no contaminar un lugar sagrado. Ninguno de ellos se compara con el verdadero templo descrito por Pablo, «en quien vosotros también sois juntamente edificados para morada de Dios en el Espíritu».[4] O para decirlo de una manera más sencilla, «Porque donde están dos o tres congregados en mi nombre, allí estoy yo en medio de ellos».[5] Esto pone fin a todas las peregrinaciones.

Nuestro tema

Proclamar a cristo como salvador también es adoración. Una definición renovada de adoración: La adoración es un corazón que rebosa de gratitud, el fluir de un alma en reposo, ante la presencia de Dios; un corazón concentrado en Dios y no en las necesidades personales. Casi todos los instrumentos musicales deben afinarse de vez en cuando, por lo que regresamos a algunas definiciones.

La adoración toma un nuevo rumbo

«Entonces la mujer dejó su cántaro, y fue a la ciudad, y dijo a los hombres: Venid, ved a un hombre que me ha dicho todo cuanto he hecho. ¿No será éste el Cristo?»[6] Al hacer esto reconoció sus pecados, confesó a Cristo e invitó a otros a que vinieran a ver al hombre que había contestado sus preguntas en cuanto a dónde y el cómo de la adoración.

Sus hechos eran una adoración, aunque no se dio cuenta de ello. Esta porción de Juan comienza con la solicitud de un vaso de agua y termina con el agua fluyendo del corazón de la mujer samaritana. Al principio era una discusión acerca del monte de Sión en Jerusalén y del monte Gerizim en Samaria, pero el tema cambió por las palabras y por el corazón de la mujer cuando invitó a los hombres a que vinieran y vieran.

Vinieron y dijeron, «...Ya no creemos solamente por tu dicho, porque nosotros mismos hemos oído, y sabemos que verdaderamente éste es el Salvador del mundo...» Se llevó a cabo un cambio total. Todos iban al monte, pero ahora se dirigían al mundo.

El mundo y la adoración

«Porque de tal manera amó dios al mundo, que ha dado a su hijo unigénito...»[7] Dios le prometió a Abraham «...y serán benditas en ti todas las familias de la tierra».[8] Dios no es Dios de un país sino del mundo entero. ¡Debemos convertirnos en cristianos mundiales! ¡Eso está en el corazón de Dios!

La adoración incluye el «haced discípulos a todas las naciones»,[9] así como a nosotros, sus seguidores, a quienes nos compró con la sangre de Cristo y somos sus esclavos de amor.[10] Nos llama a «...que presentéis vuestros cuerpos en sacrificio vivo, santo, agradable a Dios, que es vuestro culto racional».[11] Las naciones, es decir, el mundo, se mencionan 175 veces en los Salmos, el Rey es el tema y la conquista de las naciones es el plan en curso de las cosas.[12]

La adoración significa seguir los pasos del Maestro

«Y estando en la condición de hombre, se humilló a sí mismo, haciéndose obediente hasta la muerte, y muerte de cruz».[13] Nuestras vidas deben girar alrededor de Él, obedecerle es la motivación para las misiones y no un motivo humanista. ¡Nuestro propósito principal debe ser glorificar a Dios![14]

Jesús dijo, «...si el grano de trigo no cae en la tierra y muere, queda solo; Pero si muere, lleva mucho fruto».[15] No crea que esto solo aplicaba a Él, ya que enseguida dice, «Si alguno me sirve, sígame». Por tanto, Pablo escribe, «...por la gracia de Dios que me es dada para ser ministro de Jesucristo a los gentiles, ministrando el evangelio de Dios, para que los gentiles le sean ofrenda agradable, santificada por el Espíritu Santo».[16]

De forma similar, al usar una analogía diferente, una de la vida militar romana, Pablo se asemeja a sí mismo a un prisionero de Cristo cuya vida era «...para Dios somos grato olor de Cristo a los que se salvan, y en los que se pierden; a éstos ciertamente olor de muerte para muerte, y a aquellos olor de vida para vida...»,[17] y como aparece en otras traducciones, «Gracias a Dios que siempre nos lleva en el desfile victorioso de Cristo y que por medio de nosotros da a conocer su mensaje, el cual se esparce por todas partes como un aroma agradable».[18] Aunque no tenemos los resultados en cifras, seguimos conquistando.

Lo que me recuerda a dos misioneros que trabajaron en el antiguo Congo Belga durante 30 años antes de que el gran avivamiento atravesara el país; los misioneros bautistas que trabajaron en Birmania durante muchos años a pesar de la persecución, las enfermedades y la pérdida de familiares; el hermano de mi pastor que fue al África y murió al tercer día luego de su llegada y la lista continúa.

El testimonio de Elisabeth Elliot, la grabación que he escuchado más que ninguna otra, en el que relata el asesinato de su esposo a manos de los indios auca.

Llevó a cabo la traducción de la Escritura a una lengua indígena. El indígena, la fuente de información para la traducción, murió, y le robaron el portafolio que contenía sus notas, fue en ese momento en que se cuestionó el porqué de su estancia en la selva sudamericana. El Señor la llevó al pasaje que dice, «...No temas; yo soy el primero y el último; y el que vivo, y estuve muerto; mas he aquí que vivo por los siglos de los siglos, amén. Y tengo las llaves de la muerte y del Hades».[19] Estos versículos y ese testimonio me han dado fuerza y valor para seguir adelante al pasar de los años.

Adorar al Señor de la mies

«...La mies a la verdad es mucha, mas los obreros pocos, Por tanto, rogad al Señor al Señor de la mies que envíe obreros a su mies.»[20] Él es el Señor y Él es quien los envía.[21] « ¿Y cómo predicarán si no fueren enviados?»[22] Existía una diferencia clara entre los que iban y los que eran enviados.[23] Todos somos enviados, aunque eso signifique ir a donde se encuentra usted en este momento.[24] Nos llama a ver la cosecha y a rogar al Señor de la cosecha que envíe trabajadores para la cosecha.

Cuando William Carey, el fundador de las misiones modernas, leyó el libro Los Viajes del capitán Cook y las bitácoras de los marineros, quedó cautivado, y comenzó a pensar en la evangelización en el extranjero. Comenzó a pensar que algo tenía que hacerse para alcanzar al mundo para Cristo.

Así que, hoy en día, debemos estar al tanto del estado actual de las misiones alrededor del mundo. «Hasta hace algunos años, se sabe de 639 grupos etnolingüísticos sin alcanzar, con una población de más de 100, 000 personas todavía fuera del alcance del evangelio de Jesucristo. En años recientes, trabajadores de tiempo completo y de medio tiempo trabajan con 470 de estos grupos».[25]

La fiesta de adoración más importante del año judío

La fiesta de los tabernáculos concluía el año, cuando la gente se cambia de sus casas a estructuras temporales que recuerdan la peregrinación desde Egipto y celebra la creación de la nación y la recepción de la ley en el monte Sinaí.

Duraba siete días y era un tiempo de regocijo. Se celebraba en el séptimo mes, poco después del día de expiación, y correspondía al séptimo día, el Sabbath. Se ofrecían al Señor 182 sacrificios. El clímax ocurría en el último día de la fiesta cuando se expresaba su regocijo usando palmas, como sucedió en la entrada triunfal de Cristo a Jerusalén.

En ese último día, se mezclaba agua con vino. «Tan pronto se servían el agua y el vino, la música en el templo comenzaba y se cantaba el Hallel».[26]

Enseguida presento algunos extractos importantes de Edersheim: Simbolizaban «la caída en circunstancias similares de las murallas de Jericó y cómo, por la intervención directa de Dios, las murallas del paganismo caerían ante Jehová». «La ceremonia más importante de la fiesta de los tabernáculos era el derramamiento del agua y la iluminación del templo, como un símbolo de Jesús, la luz del mundo». «Se sabe que la dedicación del templo de Salomón y la llegada de la Shekiná sucedieron durante esta fiesta».

La fiesta se centraba en quitar el velo para las naciones gentiles, razón por la que decidí incluir esto en este capítulo sobre la adoración. En el diseño divino, los creyentes se convierten en manantiales que salpican al mundo en sequía. Es obvio que la fiesta de los tabernáculos comenzó cuando Jesús fue glorificado y se derramó el Espíritu Santo. Comencemos a celebrar la fiesta.

Concluyamos con palabras de adoración

Es importantísimo que el Señor sea el centro de todo lo que hacemos. Necesitamos encontrarnos con Él en Su palabra, ya que lo podemos percibir encarnado, de manera clara, en la Escritura. Interactuamos con Él en la Palabra, se revela a nosotros a través de Su palabra, y tenemos comunión con Él mientras conversamos en la Escritura.

Para aplicar a nuestra vida este capítulo, necesitamos unirnos a la tarea de dar a conocer a Jesús, nuestras vidas necesitan integrarse a la misión de Dios en el mundo. Una misión no debe verse jamás como un rival para nuestros programas de la iglesia, compitiendo por el dinero de la iglesia.

Nuestras vidas deben expresar el significado de la adoración. Las palabras griegas proskuneo, mostrar reverencia, honrar, besar en homenaje, postrarse ante Dios; y latreuo, que significa obras hechas en Su Nombre, para Él, en respuesta a Su gracia; ¡todo debe salir del núcleo de nuestro ser y todo es para Su gloria!

Desde hace una semana que no tengo internet por lo que no he recibido retroalimentación alguna. Espero remediarlo pronto. Envíe sus reacciones a:

Juan Kennington
http://renuevalamente.org

---

[1] *Hechos 22,21*
[2] *Hebreos 4,16*
[3] *Juan 4,21*
[4] *Efesios 2,22*
[5] *Mateo 18,20*
[6] *Juan 4,28- 29*
[7] *Juan 3,16*
[8] *Génesis 12,3*
[9] *Mateo 28,19*
[10] *Romanos 1,1*
[11] *Romanos 12,1*
[12] *Bruce Waltke, conferencia, profesor, Colegio Regent, Teología de las misiones, Geo. Peters*
[13] *Filipenses 2,8*
[14] *Filipenses 1,20*
[15] *Juan 12,24*
[16] *Romanos 15,15- 16*
[17] *2ª a los Corintios 2,15- 16*
[18] *2ª a los Co. 2, 14 (DHH)*
[19] *Apocalipsis 1,18*
[20] *Lucas 10,2*
[21] *Juan 17,18*
[22] *Romanos 10,15*
[23] *Hechos 15, 24*
[24] *En este día, Robert Morgan*
[25] *Las fronteras de las misiones, p.11*
[26] *El templo, sus ministerios y servicios, Alfred Edersheim, p. 281*

Capítulo 10 – Cirugía del corazón

«De manera general, la oración es el alma ocupada en sus necesidades. La alabanza es el alma ocupada con las bendiciones. La adoración es el alma ocupada en Dios mismo».[1]

Contraparte

El Nuevo Testamento complementa al Antiguo Testamento, son como las dos alas de una bella mariposa. Un ala representa al Espíritu Santo que se movía sobre la faz de las aguas, la otra comienza con la encarnación del Hijo de Dios por medio del Espíritu Santo. Así como el primer Adán encabezaba la primera creación, el último Adán estaba a la cabeza de la nueva creación. El Creador regresó para hacer todas las cosas nuevas.[2]

Compromiso

Para el hombre no era suficiente, en medio de sus fallas morales, prometer ser mejor. El hombre no podía ser su propio salvador, así que Dios se comprometió consigo mismo devolverle, darle al hombre un nuevo corazón.

Aparece siete veces la frase Yo haré en la que Dios se compromete a dar un «...corazón nuevo, y pondré espíritu nuevo dentro de vosotros...».[3] «He aquí vienen días, dice Jehová, en los cuales haré nuevo pacto con la casa de Israel y con la casa de Judá. No como el pacto que hice con sus padres...» «Daré mi ley en su mente, y la escribiré en su corazón; y yo seré a ellos por Dios, y ellos me serán por pueblo».[4]

Algunos dicen que esto no se relaciona con los cristianos debido a la referencia a Israel y Judá, lo que ignora lo que se dice en el Nuevo Testamento.[5] El compromiso se hizo realidad al morir Cristo en la cruz, y cuando se derramó el Espíritu Santo. Jesús lo llamó nacer de lo alto.

La venida

Jesús dijo, «Pero cuando venga el Espíritu de verdad, él os guiará a toda la verdad».[6] Esta venida dependía de la muerte de Cristo en la cruz.[7] Fue en el día de Pentecostés.[8] ¡Es la realidad escatológica! No se puede repetir. Si no nos damos cuenta de la importancia de la venida del Espíritu Santo, seremos futuristas incurables y no escucharemos todas las veces que el Nuevo Testamento dice ¡AHORA!

La elección

Pablo no eligió, fue Dios, según su testimonio. «Pero cuando agradó a Dios, que me apartó desde el vientre de mi madre, y me llamó por su gracia, revelar a su Hijo en mí, para que yo le predicase entre los gentiles, no consulté en seguida con carne y sangre».[9]

Dios, quien dijo Yo haré, eligió a un mensajero especial para proclamar lo que había hecho, lo hizo no tan sólo llamando a Pablo, sino que primero le dio un nuevo corazón. Es el relato de conversión más importante del Nuevo Testamento.

La circuncisión

La circuncisión era una cirugía externa, que simbolizaba una cirugía del corazón. El pacto eterno de la circuncisión se cumplió no por el mero rito que se acostumbraba, sino por la aplicación de la cruz en la vida de Pablo.[10]

La explicación de la verdadera circuncisión en el tercer capítulo de Filipenses se conoce como «el segundo pasaje más importante acerca de la adoración en el Nuevo Testamento». Es esencial para entender las extensas discusiones sobre la circuncisión en el N. T., es fundamental para entender la adoración, y rechaza mucho de lo que se conoce como adoración y se desecha por medio de la verdadera circuncisión. ¡Entender este pasaje es fundamental para la adoración genuina!

En específico, ¿qué significa desechar? Tres cosas se desechan, las cuales son: 1. el orgullo racial, 2. el orgullo del ritual, 3. el orgullo de la religión, entendida como las obras para obtener la aceptación y aprobación de Dios.

Pablo explicó, «...Si alguno piensa que tiene de qué confiar en la carne, yo más: circuncidado al octavo día, [...] de la tribu de Benjamín, hebreo de hebreos: en cuanto a la ley, fariseo; en cuanto a celo, perseguidor de la iglesia; en cuanto a la justicia que es en la ley, irreprensible».[11] «Pero cuantas cosas eran para mí ganancia, las he estimado como pérdida (desecho) por amor de Cristo. Y ciertamente, aun estimo todas las cosas como pérdida por la excelencia del conocimiento de Cristo Jesús, mi Señor, por amor del cual lo he perdido todo, y lo tengo por basura, para ganar a Cristo y ser hallado en él, no teniendo mi propia justicia, que es por la ley, sino la que es por la fe de Cristo, la justicia que es de Dios por la fe».[12]

Este pasaje se escribió porque «...para vosotros es seguro».[13] El orgullo racial, de ritual y de religión son peligrosos para la propia salud espiritual, aunque nos hacen sentirnos bien acerca de nosotros mismos. El triste resultado es que terminamos adorando la adoración, lo que simplemente es otra manera de adorarnos a nosotros mismos.

LOS PROPÓSITOS DE PABLO EN ESTE PASAJE SON MÚLTIPLES:

1. Que nos regocijemos en el Señor, no en la raza, ni en el ritual, ni en la religión. 2. Que de verdad «adoremos en el Espíritu». 3. Que nos «encontremos en Él». 4. «a fin de conocerle, y el poder de su resurrección, y la participación de sus sufrimientos» 5. Que podamos «en alguna manera llegar a la resurrección de entre los muertos». 6. Que podamos «...asir aquello para lo que también fuimos asidos por Cristo Jesús». 7. y para que «prosigamos a la meta, al premio del supremo llamamiento de Dios en Cristo Jesús».

Aclaración

Del número cuatro al siete, Pablo describe un proceso espiritual que se espera que Pablo y todos los creyentes compartan. Es innegable que necesitamos conocer mejor a Cristo.

En referencia a la resurrección, a menudo hay malentendidos, debido a que la resurrección final como creyente no se puede atribuir a ningún esfuerzo propio.[14] La palabra griega para resurrección que aparece en este pasaje es distinta a otras palabras que también se tradujeron como resurrección, ya que aparece el prefijo ek, que significa fuera, que difiere de con.

Pienso que esta resurrección es fuera del mundo de muerte a nuestro alrededor, y hace eco a la exhortación, «...Despiértate, tú que duermes, y levántate de los muertos, y te alumbrará Cristo». Hay una gran diferencia entre estar durmiendo y estar muerto, aunque podrían parecer similares. Entonces, existe un gran error por parte de muchos para asir aquello para lo que Cristo nos ha asido, lo que debe desafiarnos a cada uno de nosotros. Finalmente, no debemos confundir nunca la meta del premio del supremo llamamiento de Dios en Cristo Jesús con el regalo de la vida eterna, y menos negar el mensaje primordial en este capítulo.[15]

Es necesario que el estudiante de la Biblia distinga entre la obra terminada de Cristo y nuestra obra inconclusa. Si no logramos distinguir esto, entonces este pasaje deja de ser acerca de la adoración, ya que parte del reconocimiento cae en nosotros, lo que se contrapone a la adoración. Nos haría *co-salvadores* con Jesucristo.

La confesión de un paciente que sufrió una cirugía de corazón

«Palabra fiel y digna de ser recibida por todos: que Cristo Jesús vino al mundo para salvar a los pecadores, de los cuales yo soy el primero. Pero por esto fui recibido a misericordia, para que Jesucristo mostrase en mí el primero toda su clemencia, para ejemplo de los que habrían de creer en él para vida eterna. Por tanto, al rey de los siglos, inmortal, invisible, al único y sabio Dios, sea honor y gloria por los siglos de los siglos. Amén».[16]

Conclusión

El testimonio de Pablo resume la vida cristiana. «Con Cristo estoy juntamente crucificado y ya no vivo yo, mas vive Cristo en mí; y lo que vivo ahora en la carne, lo vivo en la fe del Hijo de Dios, el cual me amó y se entregó a sí mismo por mí».[17]

¡Él lo es todo! La verdadera adoración es ese impulso interno de la gracia de Dios para hacerlo todo y cualquier cosa con el único propósito de que «...será magnificado Cristo en mi cuerpo, o por vida o por muerte».[18]

¡La única respuesta apropiada que un creyente puede dar a la gracia infinita de Dios es una adoración radical!

Agradezco mucho sus comentarios. Por favor, envíelos a:
Juan Kennington
http://renuevalamente.org

---

[1] *La adoración, La ocupación más alta del cristiano, Gibbs.*
[2] *Juan 1,1*
[3] *Ezequiel 36,26*
[4] *Jeremías 31,31-33*
[5] *Hebreos 10, 10; 1ª a los Corintios 11, 25; Efesios 2:19*
[6] *Juan 16,13*
[7] *Juan 7,39*
[8] *Hechos 2,4 - 21*
[9] *Gálatas 1, 15 – 16; Hechos 9, 3 - 5*
[10] *Filipenses 3,2-3; Romanos 2,28-29*
[11] *Filipenses 3,4-6*
[12] *Filipenses 3,7-9*
[13] *Filipenses 3,1*
[14] *1ª a los Corintios 15, 51; Filipenses 3,20-21*
[15] *Romanos 6,23*
[16] *1ª a Timoteo 1,15-17*
[17] *Gálatas 2,20*
[18] *Filipenses 1,20*

Capítulo 11 – Adoración en la iglesia

Retroalimentación

«Me parece que nuestro grupo estudiará La adoración radical cuando se reúna nuevamente en septiembre. Muchas gracias por compartir esto con nosotros». S.M.

Llamado a la adoración

«La expulsión de Cristo de la sinagoga de Nazaret fue el primer acto hostil hacia Él por parte del judaísmo después del exilio».[1] Muy pronto Jesús comenzó a llamar a los que le seguirían, la palabra griega para iglesia significa convocar. Este llamado cobró un profundo significado, mucho más grande que el de una simple invitación a ser cristiano.[2]

La nueva congregación se conoció como iglesia y luego se entendió que era el nuevo templo de Dios en el que habitaría, y no en el templo en Jerusalén. La palabra griega que se aplicaba a los nuevos creyentes como templo era naos, que designaba al Lugar Santísimo. El llamado era divino y de manera sobrenatural se incorporaban al cuerpo de Cristo, la materialización de Cristo en el mundo.

Cristo era la cabeza de este nuevo cuerpo, y sus miembros tenían la capacidad espiritual para ministrar tanto al Señor, quien estaba presente en sus reuniones, como los unos a los otros. Sus ministerios eran los nuevos sacrificios que se ofrecían en este nuevo templo para adorar a Dios, por insignificantes que parecieran. Eran aceptados por medio de Jesús, su Sumo Sacerdote.[3]

La congregación de los creyentes

Las congregaciones de los seguidores de Cristo se identifican como iglesias más de 100 veces en el Nuevo Testamento. Cada congregación se convertía en un microcosmos del templo, y Dios lo trataba de ese modo. De hecho, se advertía a la gente, «Si alguno destruyere el templo de Dios, Dios le destruirá a él; porque el templo de Dios, el cual sois vosotros, santo es».[4] La palabra griega para vosotros indica que nuestro individualismo queda subordinado a la identidad más importante como miembros del cuerpo de Cristo. ¡En ese templo se adora a Dios en conjunto!

La adoración a Dios debe funcionar como un diapasón para que todo lo que se haga se lleve a cabo en un concierto armonioso con otros para la gloria de Dios. No actuamos para que otros nos vean, sino para expresar nuestra adoración a Él. El centro mismo de ese servicio de adoración es, como se ve en el templo, el arca de Su presencia, cubierta por la misericordia y rociada con la sangre de la cruz.

La cruz de Cristo se recuerda en la mesa de la comunión. Jesús está en la cabeza de la mesa para cumplir sus palabras, «Porque os digo que no la comeré más, hasta que se cumpla en el reino de Dios».[5] Al servicio de comunión se le llamaba eucaristía, que significa acción de gracias, cuando se celebraba la resurrección de Cristo.

En estas reuniones se enfatizaba la presencia de Cristo, los primeros cristianos escogieron el primer dia de la semana para llevar a cabo sus reuniones ya que todas las ocasiones que Cristo se apareció a sus discípulos, luego de la resurrección, sucedieron mientras comían el primer día de la semana.[6]

La última cena del Señor también fue el primer
servicio de comunión.[7] El estilo de vida de los creyentes
se vivía todos los días, no sólo los domingos, era una
manera de guardar la nueva Pascua espiritual.[8]

El primer día de la semana era cuando los
creyentes se reunían para adorar y celebrar en
conjunto.[9] ¡El séptimo día celebraba la primera creación
y el primer día celebraba la nueva creación! Esto no se
cumplía de un modo legalista.[10]

Debemos tener en mente que la muerte y la
resurrección de Cristo son las bases para nuestro
servicio de adoración, que se santifica por Su presencia
y en su muerte y en su resurrección.

« ¡Cuán preciosa, oh Dios, es tu misericordia! Por
eso los hijos de los hombres se amparan bajo la sombra
de tus alas. Serán completamente saciados de la
grosura de tu casa, y tú los abrevarás del torrente de
tus delicias. Porque contigo está el manantial de la vida;
en tu luz veremos la luz».[11]

Continuidad

La adoración en el templo del Antiguo Testamento
había desaparecido, así como se quita el andamiaje
cuando se termina la construcción de un nuevo edificio.
Lo invisible permaneció ya que estaba hecho de
sustancia espiritual pero los que no tienen fe no ven
nada. Lo que se aprendió mediante símbolos físicos
continúa con un sentido de realidad aun mayor. Todavía
es posible ver los símbolos visuales en las iglesias más
litúrgicas, los cuales pueden ser útiles para aquellos
que no saben leer.

El escritor a los Hebreos emplea la lengua de los antiguos para describir como los creyentes se reúnen para adorar a Dios en el templo invisible, «Así que, hermanos, teniendo libertad para entrar en el Lugar Santísimo por la sangre de Jesucristo, por el camino nuevo y vivo que él nos abrió a través del velo, esto es, de su carne, y teniendo un gran sacerdote sobre la casa de Dios, acerquémonos con corazón sincero, en plena certidumbre de fe, purificados los corazones de mala conciencia, y lavados los cuerpos con agua pura».[12]

La santidad de Dios, nuestro temor por el gran Todopoderoso, y nuestra preparación para acercarnos no disminuyen, sino que aumentan, lo que desafía nuestra forma casual del servicio en la iglesia. No olvidemos que la iglesia se identifica con el Lugar Santísimo.

Algunas palabras clave deben enfatizar nuestro acercamiento, palabras tales como preparación, expectación y adoración, de otro modo, nuestra fe corre peligro de convertirse en descaro. Hablar de o a un Dios santo sin estar consciente del pecado propio es auto engañarse. En las liturgias y libros de oraciones, era impensable tal falla. ¡Compare las experiencias personales de quienes se vieron confrontados por una manifestación de Dios! Tal revelación manifestaba de manera constante la diferencia radical entre la santidad de Dios y su pecado. Ese es el sello de autenticidad.

Las características de los servicios en la iglesia

Los estudiosos de la historia de la iglesia primitiva han filtrado los registros de los primeros cristianos y son valiosos para cualquier estudiante serio. Por ejemplo, Plinio, por mandato del emperador Trajano, registró un «canto antifonal, en el que los cristianos cantan antes del amanecer, un canto que se dirige tanto a Cristo como a Dios».[13]

Cullman también dice que las reuniones cristianas se caracterizaban tanto como por la libertad de expresión, como en los dones del Espíritu, así como por la rigidez litúrgica.[14] Los cantos espirituales y los himnos aparecen en muchas porciones de la Escritura, como el Himno de Cristo, en el segundo capítulo de Filipenses.

Los primeros creyentes oraban juntos, leían la Escritura y cerraban sus reuniones con doxologías, como se ve en todo el Nuevo Testamento. Dios era el público y las congregaciones los ejecutantes. La música, la predicación y los hechos de benevolencia se hacían para agradar a Aquél en cuyo nombre se reunían.

Se exhortó a Timoteo, «Procura con diligencia presentarte a Dios aprobado, como obrero que no tiene de qué avergonzarse, que usa bien la palabra de verdad».[15] Los participantes no eran intérpretes que entretenían o emocionaban a la gente. ¡Dios era el público!

Ananías y Zafira dramatizan lo que quiero decir. «Mintieron al Espíritu Santo y cayeron muertos».[16] Tales milagros de castigo no continuaron pero la verdad de la santidad de sus reuniones sí. ¡La motivación de Ananías y Zafira fue simplemente que la gente pensara que eran mejores personas de lo que eran en realidad!

Un Dios celoso no puede consentir la exaltación de nadie más que de Cristo, que debe ser exaltado en Su templo. Lo que hacemos para llamar la atención compite de manera pecaminosa con el centro que es Cristo. En una ocasión, cuando me pareció que nuestra reunión estaba fuera de control, les pedí a todos que cerraran sus ojos o que se fueran, el efecto fue dramático y algunos me acusaron de apagar al Espíritu.

Compare las porciones de la Escritura que describen los servicios en el Nuevo Testamento

La gente que ha nacido de nuevo tiene una nueva naturaleza que se hace evidente en su amor los unos por los otros. Sin este amor fraternal, es necesario revisar el acta de nacimiento, ya que puede ser falsa. Las personas que se aman los unos a los otros anhelan reunirse.

Pablo escribió, dirigiéndose a los creyentes, «...sepas cómo conducirte en la casa de Dios...»[17] Entre otras amonestaciones, mencionaba, «Exhorto ante todo, a que se hagan rogativas, oraciones, peticiones y acciones de gracias, por todos los hombres; por los reyes y por todos los que están en eminencia, para que vivamos quieta y reposadamente en toda piedad y honestidad».[18] «Entre tanto que voy, ocúpate en la lectura, la exhortación y la enseñanza».[19]

Jesús, cuando menciona la iglesia en una segunda ocasión, nos anima, «Porque donde están dos o tres congregados en mi nombre, allí estoy yo en medio de ellos».[20]

En la promesa del Señor de su presencia, se incluye un asunto de disciplina, así como la enseñanza más poderosa del Señor acerca del perdón. La Palabra de Dios era la fuente para la ministración del Cuerpo entre todos, como se puede ver en la exhortación de Pablo, «La palabra de Cristo more en abundancia en vosotros, enseñándoos y exhortándoos unos a otros en toda sabiduría, cantando con gracia en vuestros corazones al Señor con salmos, e himnos y cánticos espirituales».[21]

Es obvio que este es un servicio en el que se participa, y no sólo se observa. Sin embargo, la participación sin que «la palabra de Cristo more en abundancia en vosotros» sería compartir nuestro vacío. Pablo escribe, « ¿Qué hay, pues, hermanos? Cuando os reunís, cada uno de vosotros tiene salmo, tiene doctrina, tiene lengua, tiene revelación, tiene interpretación. Hágase todo para edificación».[22] El fortalecimiento, o edificación, de la iglesia, se define como inteligible y no se percibe como insensato.[23]

Lo que sigue es que un orador debe conocer la sustancia de su mensaje antes de hablar. El motivo que controla a los miembros debe ser al amor dado por Dios. Tal pensamiento estaba en la mente del apóstol, cuando escribió al capítulo 13 de la primera carta a los Corintios, que principalmente trata de la razón de y el control de los dones espirituales. ¡La necesidad de supervisores es clara! ¡El servicio no debe ser abierto para todos! A algunos de nosotros nos convendría imitar el viejo servicio cuáquero en el que todos esperaban en silencio a que el Espíritu se moviera.

Sumario

No somos innovadores. Jesús no actuó ni habló a menos que escuchara a su Padre hablar o lo viera actuar. La mirada de los ángeles está puesta en el Padre Celestial, no en los hijos. El Espíritu no habla de Sí mismo.[24] Nunca haremos su obra mientras no descubramos qué hizo y qué no hizo.[25] Sólo entonces nos someteremos a la soberanía e instrucción que recibieron los Corintios.

Este pasaje es sumario, ya que dice "cualquiera", "todos" y también incluye a Pablo; "si yo". Es para «todas las congregaciones de los santos».[26] Estas amonestaciones requieren que los participantes ejerzan el autocontrol, de otro modo, las amonestaciones no tienen sentido.

«Hágase todo para edificación».[27] Algunos limpian la casa simplemente tirando todo, pero ese no es el plan de Dios ni su provisión. Los ojos del cuerpo ven, la boca habla, la mano trabaja. ¡El cuerpo no es un cuerpo inerte! ¡Jesús vive y se manifiesta a través del cuerpo y sus dones!

Confrontando lo contemporáneo

Los párrafos siguientes son de Christianity Today, abril, 2007 y aún son pertinentes. *"Dios no es el objeto de nuestra adoración"*, escrito por Robert Webber en "Christianity Today", abril de 2007. Escribo mi versión editada: «En los últimos años, la adoración se ha movido de la historia de Dios y se compone de historias de la cultura contemporánea».

«La adoración orientada al yo es el resultado de una adoración motivada por la cultura. Se ha vuelto narcisista...» «Christopher Lasch apunta al narcisismo como una metáfora de la condición humana».

«Lester Ruth, profesor de adoración en el Seminario Asbury, examinó 71 canciones contemporáneas populares en un periodo de 15 años. Ninguna de las 72 canciones se refería a la Trinidad ni a la naturaleza trina de Dios, sólo tres se referían a las tres personas de la Trinidad, se menciona a Jesús en 32 canciones».

Cuando los pronombres personales se repiten una y otra vez, pareciera que los cantantes están absortos en sí mismos más que en Dios. La teología de la redención, que se mencionaba con frecuencia en los himnos antiguos, se menciona muy poco. Recuerde, los himnos y las canciones son para enseñar.[28] La confesión del pecado, a excepción del perdón del mismo, ya no está de moda. ¡Él trasciende todo! Hay cosas que debemos soportar y otras de las que debemos abstenernos. Haga lo que haga, no permita que una actitud criticona provoque que pierda de vista al Señor, ya que la crítica se puede convertir en otra manifestación del egocentrismo. El amor aplaca toda crítica.

El volumen ha tomado el lugar de la sustancia teológica. Se asemeja a las notas en el sermón del ministro que decían, «Este punto es débil, grite aquí». Me parece que la ejecución tomó el lugar de la participación, ya que es casi imposible escuchar las voces de mis hermanos y hermanas, disminuyendo así la importancia de cada individuo.

Recuerde, el Señor se reúne con nosotros y canta en medio de nosotros.[29] ¿Lo ha escuchado cantar en los servicios de su iglesia? Si es así, lo más probable es que sea a través de los labios y el corazón de la persona junto a usted.

Poco tiempo después de que Dios diera la ley que revelaba Su santidad, Moisés dijo, «Te ruego que me muestres tu gloria». «Y le respondió: Yo haré pasar todo mi bien delante de ti, y proclamaré el nombre de Jehová delante de ti; y tendré misericordia del que tendré misericordia, y seré clemente para con el que seré clemente».[30] ¡Estas palabras indican que el bien de Dios es de hecho la gloria de Dios! Magnificar la bondad de Dios es el propósito de reunirnos para adorar. ¡No olvidemos que lo que le sucedió a Moisés nos sucedió con la llegada de Cristo! «... (y vimos su gloria, gloria como del unigénito del Padre)».[31]

Agradeceré sus contribuciones y sus comentarios. Pablo rogaba que «seáis plenamente capaces de comprender con todos los santos cuál sea la anchura, la longitud, la profundidad y la altura».[32]

Juan Kennington
http://renuevalamente.org

---

[1] *Lucas 4, 22 – 30; La iglesia del Nuevo Testamento, W. H. Marsh, p. 66*
[2] *Romanos 8,28*
[3] *1ª de Pedro 2,5*
[4] *1ª a los Corintios 3,16*
[5] *Lucas 22,16; Hechos 1, 4*
[6] *La adoración cristiana primitiva, Oscar Cullman, p. 16, 17*
[7] *1ª a los Corintios 11,23*
[8] *1ª a los Corintios 5,6-11*
[9] *Hechos 20, 7; 1ª a los Corintios 16,2*
[10] *Romanos 14,5, 6*
[11] *Salmo 36, 7-9*
[12] *Hebreos 10,19-22*

[13] *La adoración cristiana primitiva, Cullman, p. 22 105 a.d.*
[14] *ibid. p. 32*
[15] *2ª a Timoteo 2,15*
[16] *Hechos 5,3 ff*
[17] *1ª a Timoteo 3,15*
[18] *1ª a Timoteo 2,1, 2*
[19] *1ª a Timoteo 4,13*
[20] *Mateo 18,20*
[21] *Colosenses 3,16*
[22] *1ª a los Corintios 14,26*
[23] *1ª a los Corintios 14,9-23*
[24] *Juan 5, 19; Mateo 18, 10; Juan 16,13*
[25] *Juan 14,12*
[26] *1ª a los Corintios 14,33*
[27] *1ª a los Corintios 14,26*
[28] *Colosenses 3,16*
[29] *Hebreos 2,12*
[30] *Éxodo 33,19*
[31] *Juan 1,14*
[32] *Efesios 3,18*

Capítulo 12 – El trono y la adoración

Retroalimentación

«Uno de los ingenieros de sonido de nuestra iglesia me comentó que en un retiro juvenil reciente, la música estaba tan, pero tan fuerte, que no podía hacer nada a menos que se pusiera tapones en los oídos, y que varias de las bocinas estaban a su máxima potencia. Aunque he puesto atención a la advertencia de mi pastor, de que la adoración para los jóvenes no es igual que la de sus padres, de todos modos, me parece que algo está mal». D.S.J. (Mi comentario es que siento que imitamos los conciertos de rock, me parece una forma de adoración a la cultura.)

«Me gustó en especial su comentario acerca del fin de las peregrinaciones». D.K.

Alguien respondió y solicitó una aclaración de nuestra identificación en referencia a lo que se dijo acerca de nuestro llamamiento, que debe entenderse de una manera más profunda, más que una respuesta evangelística a un llamamiento al altar, cuando Pablo lo usó en Romanos 8, 28 «...a los que conforme a su propósito son llamados». La manera en que se usa llamados en Romanos es muy evidente que encierra mucho más que una invitación evangelística.

El Cordero es digno, la adoración en el Apocalipsis

Este es el tema de este capítulo, y se tomó del título de un excelente panfleto[1] escrito por Dean Knudsen, quien formó parte de nuestro equipo pastoral en Portland hace algunos años. Algo esencial en lo que el escritor dice es, «...el testimonio de Jesús es el espíritu de la profecía».[2]

El libro del Apocalipsis se malentiende con frecuencia, ya que la gente hoy en día desconoce textos de estilo apocalíptico. Es común que no se entienda que se escribió usando el método de recapitulación, es decir, describe todo repetidamente, desde la cruz hasta el final del juicio.

Además, como dice Knudsen, la adoración es uno de sus principales motivos. A esto añadiría que la referencia al Éxodo se ve a través de todo el libro, es decir, el cordero redentor, las plagas, el cántico de Moisés, etc. Es de gran ayuda ver que todas las cosas están en yuxtaposición, tales como el Cordero y la bestia, Jerusalén y Babilonia, etc. El vocabulario se toma de los eventos del Antiguo Testamento. El Apocalipsis hace referencia al Antiguo Testamento más de 400 veces. Se le comunicó a Juan mediante símbolos, es decir semaino, que significa «comunicar mediante símbolos».[3]

En cuanto al tema, dos cosas pertenecientes a Cristo se destacan: El trono es la palabra que más se repite en el libro, más de 40 veces, y el Cordero como título de Cristo aparece 28 veces. «La interpretación correcta de cualquier libro de la Biblia depende mayormente de la comprensión correcta de su tema principal.

El tema principal del Apocalipsis aparece en el primer texto. «La revelación de Jesucristo, que Dios le dio, para manifestar a sus siervos las cosas que deben suceder pronto...»[4]

Algunos sugieren que esto se debe entender tan sólo como una revelación de Jesucristo, pero el primer capítulo nos da más de 30 títulos o descripciones de Jesús, quien es la respuesta. Él es el tema, y cuando uno cita otro asunto, está fuera del tema.

Concluyo que el Cordero en su trono es el tema de nuestra adoración. «...el soberano de los reyes de la tierra...» (1, 5) y «...el principio de la creación de Dios...» (3, 14) Dios tiene todo bajo control.

Este era el mensaje que necesitaban los primeros creyentes al sufrir persecución, les dice, «...No temas, yo soy el primero y el último; y el que vivo, y estuve muerto; mas he aquí que vivo por los siglos de los siglos, amén».[5] Necesitaban que se les recordara, « ¿No se venden dos pajarillos por un cuarto? Con todo, ni uno de ellos cae a tierra sin vuestro Padre».[6]

El templo de la adoración: En el primer capítulo encontramos al sumo sacerdote en medio de Su pueblo. Dios ahora se enfoca en el mundo. El lugar a donde vamos a adorar no es «ni este monte ni Jerusalén», por ello, vemos al sumo sacerdote cuidando del menorah, al candelabro con los siete brazos de oro, para que no se apague su luz. Están esparcidos a través de Turquía, como la luz del mundo. Al sumo sacerdote «...se le dio mucho incienso para añadirlo a las oraciones de todos los santos, sobre el altar de oro que estaba delante del trono».[7]

Esta revelación de Cristo se relaciona con todos los creyentes de todas las épocas. «Yo soy el Alfa y la Omega», dice Dios el Señor, «...el que es y que era y que ha de venir, el Todopoderoso».[8] Es el Señor ahora, ¡el gran Yo Soy! (A continuación se presentan algunos extractos del panfleto de Dean Knudsen acerca de la adoración.)

El idioma de la adoración

Si la adoración se describe básicamente como una respuesta a una revelación, no sorprende que este libro, descrito por sus palabras iniciales como «la revelación de Jesucristo», esté saturado de adoración. El idioma de la adoración permea el libro del Apocalipsis como en ningún otro libro del Nuevo Testamento. Es innegable que Jesucristo es la fuente de la revelación, también es quien se revela en sus páginas. El contenido de la visión (1, 9-20) lo confirma de manera amplia.

La palabra griega para adoración, proskuneo, que se usa 60 veces en el Nuevo Testamento, aparece 24 veces en el libro del Apocalipsis. Por esto se establece la importancia de la adoración en el libro que cierra el canon. La palabra que se traduce de forma constante como adoración en la Versión Autorizada se puede definir de manera literal como besar hacia el frente y expresa la idea de reverencia, adoración y postración.

(Más adelante en el panfleto).

Aunque hay mucho que decir acerca de este pasaje (Juan 4, 23), hay un punto en particular que se conecta con Apocalipsis. La referencia que Jesús hace de verdaderos adoradores, implica que también existen falsos adoradores. En esencia, todo ser humano es un adorador... (verdadero o falso). Es esta dinámica que subraya el uso frecuente de adoración en el Apocalipsis, cuando se aplica a aquellos que rechazaron a Cristo. (Apocalipsis 9, 20; 13, 4; 8, 12, 15; 16, 2; 19, 20; 20, 4), en donde Juan menciona a los que adoran a los demonios, o al dragón, o a la bestia y a su imagen.

El objeto de adoración

No hay lugar a duda en cuanto a qué o quién es el único objeto válido de adoración. En pasajes tales como 4,10; 5, 14; 7, 11; 11, 16; 14, 7; 15, 4; 19, 4; 10, 22,9; la verdadera adoración se dirige únicamente «...al que vive por siempre y siempre...al que está sentado en el trono y al Cordero...a Dios el Señor, el Todopoderoso». Ofrecer adoración y gloria a cualquier otro no es nada menos que idolatría y, como el apóstol Pablo le recuerda a la iglesia (en Tesalónica), los creyentes son aquellos que «...os convertisteis de los ídolos a Dios, para servir al Dios vivo y verdadero». (1ª a los Tesalonicenses 1, 9)

La adoración es una celebración enfocada en un suceso, como destaca Robert Webber. «Tanto en el Antiguo como en el Nuevo Testamento, la adoración tiene su raíz en un suceso real. El contenido de la adoración en el Antiguo Testamento se determina por el suceso del Éxodo, mientras que el contenido de la adoración en el Nuevo Testamento se determina por el suceso de Cristo. En cualquier caso, la adoración bíblica celebra el suceso y lo hace revivir».[9]

Así que, en el cielo, el Cordero está en el trono y los santos lo adoran cantando un cántico nuevo, «...Digno eres de tomar el libro y de abrir sus sellos; porque tú fuiste inmolado, y con tu sangre nos has redimido para Dios, de todo linaje y lengua y pueblo y nación».[10] Este es el nuevo éxodo, no para salir de Egipto, sino para todos los pueblos de la tierra, y su adoración celebra al Cordero que lo hizo posible mediante su muerte en la cruz.

Las escenas increíbles del trono en Apocalipsis

En el capítulo cuatro, se celebra al Creador y su creación, «Señor, digno eres de recibir la gloria y la honra y el poder; porque tú creaste todas las cosas, y por tu voluntad existen y fueron creadas».[11] En el capítulo cinco, nos unimos a todos los redimidos para celebrar a nuestro redentor y cantamos, «...El Cordero que fue inmolado es digno de tomar el poder, las riquezas, la sabiduría, la fortaleza, la honra, la gloria y la alabanza».[12]

Explosiones de alabanza se intercalan en todo el libro

Hay al menos 15 de estas explosiones, todas en honor y adoración a Dios y al Cordero. En principio se enfatiza la cruz, aunque también se incluyen los actos soberanos de juicio de Dios, lo que exalta Su justicia. Algo muy importante es el triunfo del jinete del caballo blanco, que vence a los enemigos de Dios, y que se celebra con «...la gran cena de Dios».[13]

El Apocalipsis culmina con una descripción compuesta de los redimidos en la nueva Jerusalén en donde el Cordero es tanto el templo como la luz, y Dios cumple su antigua promesa del pacto por la que habitará en medio de Su pueblo.[14] «y verán su rostro, su nombre estará en sus frentes».[15] Nos sería más provechoso preocuparnos por esta marca que por la marca de la bestia.

Este es nuestro último capítulo de esta serie, La Adoración Radical. Hay mucho más que decir, pero así concluye esta serie. Espero que la hayan disfrutado tanto como yo.

«La gracia de nuestro Señor Jesucristo sea con todos vosotros. Amén».[16]

John D. Kennington

Epílogo

Ya que este es el final de esta serie sobre la adoración, quisiera resumir algunas cosas.

Nuestro título, La adoración radical, expresa de manera efectiva la diferencia radical que existe entre Dios y nosotros como sus criaturas. Una aproximación casual y demasiado familiar hacia Dios no es adoración. La santidad infinita de Dios basta para que aun los ángeles tiemblen.

Las Escrituras son fundamentales para la adoración aceptable. Acercarnos a Dios sin entendimiento es un insulto idólatra hacia Dios. Esto es evidente en la enseñanza más extensa sobre la adoración que Dios da, manifestada en el tabernáculo.

La adoración apropiada y aceptable para Dios requiere de un entendimiento teológico básico. De otro modo, nuestra adoración se convierte en un canto de palabras sin sentido. Para adorar y glorificar a Dios verdaderamente, se requiere que nos entreguemos al estudio de Su revelación mostrada en la Escritura.

El centro de la adoración es Jesucristo. «Barth subraya con mucho énfasis que todo el conocimiento de Dios se determina de manera exclusiva y depende de la naturaleza de la revelación de Dios dominante y que controla todo en Jesucristo».[17]

¡La razón de nuestra existencia es para glorificar a Dios! Si no comprendemos y vivimos por esto, Su propósito divino, significa que nos perderemos el significado de la vida. Esa es la definición del fracaso.

Nuestra definición de adoración debe incluir la manera en que tratamos a aquellos creados a la imagen de Dios. De otro modo, nos engañamos a nosotros mismos.

La gracia infinita de Dios motiva la adoración[18]; esto contrasta con todo lo que podríamos hacer para obtener la aceptación y aprobación de Dios. En ocasiones, adoramos en pecado para sentir Su presencia, insultando así la realidad de Su presencia y de hecho, en nuestra mente, queremos añadir a la obra meritoria de Cristo en la cruz. Tal es lo opuesto de la adoración.

Fuentes: Estoy en deuda con muchos escritores que abordan la adoración, tales como John Piper, John McArthur, A.W. Tozer, Robert Webber, John Frame, entre muchos otros, a quienes no tengo el tiempo para mencionar, además de las muchas notas y recortes de periódico que he recolectado por más de 50 años, y que me han hecho meditar en este tema tan interesante.

Muchas gracias a todos los que se involucraron de manera directa, como nuestro Web Master, Dave Phares, que trabajó de manera incansable como mi compañero oculto y a todos aquellos que me dieron retroalimentación y ánimo, así como a aquellos que cooperaron de forma financiera.

John D. Kennington

---

[1] *Se incluye en el Apéndice 2 de Descubrir al último Jesús, Dean C. Knudsen*

[2] *Apocalipsis 19:10*

[3] *G. K. Beale, El libro del Apocalipsis, un comentario del texto en griego, p. 51. Beale es profesor en el seminario teológico Gordon Conwell.*

[4] *Interpretación del Apocalipsis, Merrill Tenney, antiguo decano de la escuela de posgrado (Wheaton).*

[5] *Apocalipsis 1,17-18*

[6] *Mateo 10,29*

[7] *Apocalipsis 8,3*

[8] *Apocalipsis 1,8*

[9] *La adoración es un verbo, Robert Webber, p. 34*

[10] *Apocalipsis 5,9*

[11] *Apocalipsis 4,11*

[12] *Apocalipsis 5,12*

[13] *Apocalipsis 19,17*

[14] *Apocalipsis 21,22*

[15] *Apocalipsis 22,4*

[16] *Apocalipsis 22,21*

[17] *La teología de Karl Barth, G. C. Berkouwer. P. 18*

[18] *Romanos 12,1*